汽车共享的消费绩效实现机制研究

Consumption Performance Improving Mechanism in the Car-sharing System

兰静◎著

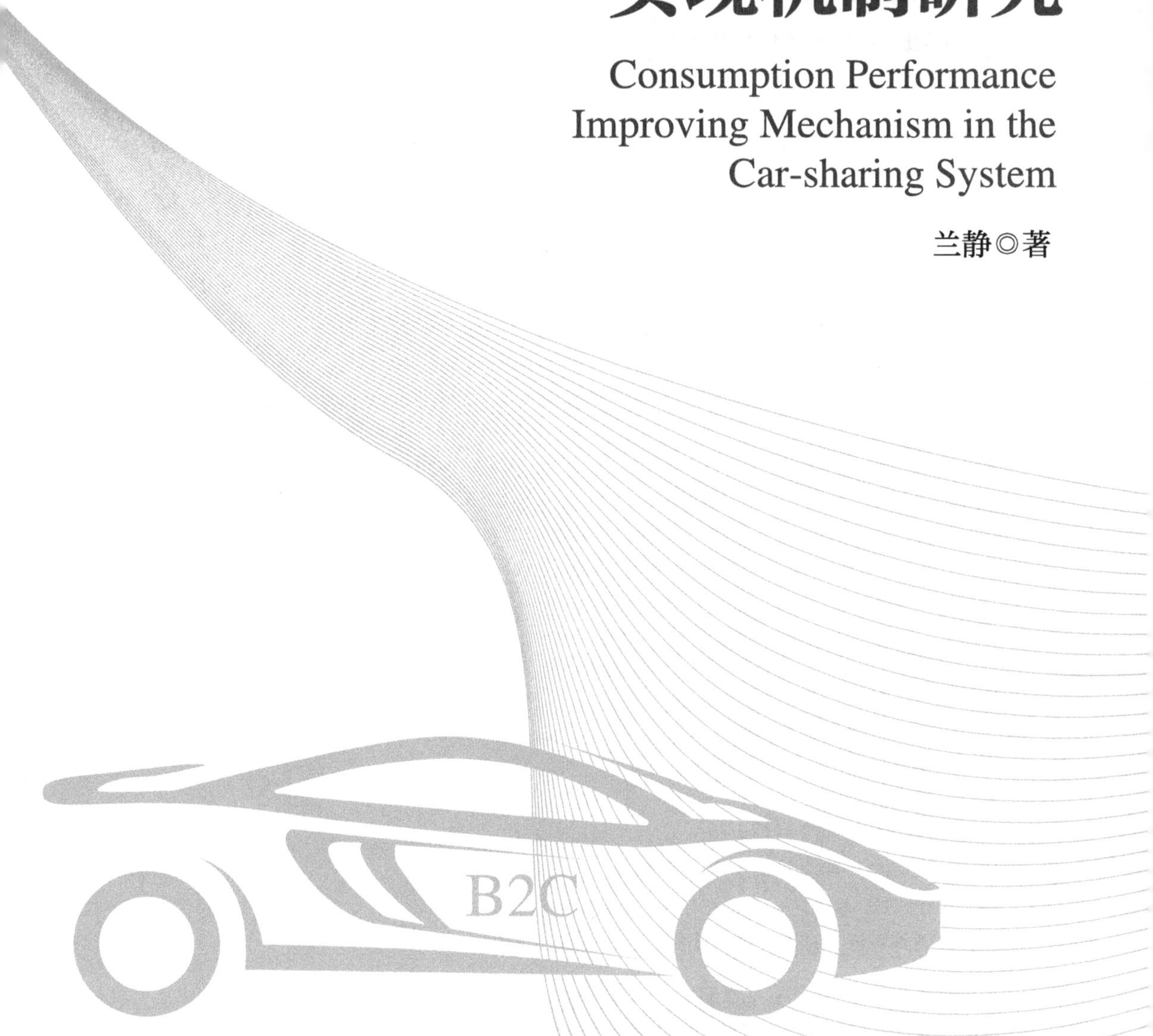

中国经济出版社
CHINA ECONOMIC PUBLISHING HOUSE
北 京

图书在版编目（CIP）数据

汽车共享的消费绩效实现机制研究／兰静著．--北京：中国经济出版社，2021.9

ISBN 978－7－5136－6655－8

Ⅰ．①汽…　Ⅱ．①兰…　Ⅲ．①电动汽车－租赁业务－研究　Ⅳ．①F540.5

中国版本图书馆 CIP 数据核字（2021）第 190130 号

策划编辑　姜　静
责任编辑　李玄璇
责任印制　马小宾

出版发行　中国经济出版社
印 刷 者　北京建宏印刷有限公司
经 销 者　各地新华书店
开　　本　710mm×1000mm　1/16
印　　张　11.5
字　　数　180 千字
版　　次　2021 年 9 月第 1 版
印　　次　2021 年 9 月第 1 次
定　　价　68.00 元
广告经营许可证　京西工商广字第 8179 号

中国经济出版社 **网址** www.economyph.com **社址** 北京市东城区安定门外大街 58 号 **邮编** 100011
本版图书如存在印装质量问题，请与本社销售中心联系调换（联系电话：010－57512564）

前　言

改革开放40余年来，中国经济持续快速增长，一方面，生产规模和消费需求空前扩张；另一方面，经济、生态和社会福利的可持续发展也面临挑战。分享经济作为一种新的社会经济形式，提倡跨越个体限制、以使用为特征的消费模式，用更少的物质消耗满足同等的社会需求，具有提高现有系统消费绩效的潜质，为经济社会的可持续转型提供可能。然而，随着分享经济的快速发展，具体实践的异化和问题也相继出现，引起了大众对分享经济可持续能力的质疑。如何正确理解和利用分享经济，实现更高的消费绩效是研究的关键问题。

本书以B2C（Business to Consumer，企业卖家对个人买家）电动汽车共享（以下简称汽车共享）为例，围绕如何提高消费绩效这一问题展开理论和实证研究。通过对稳态经济理论、绩效经济理论、IPAT理论和公地理论的梳理，提取分享经济消费绩效的核心理论，并提出汽车共享实现消费绩效提升的重点在于两个机制：一是在个体微观层面如何形成对拥有型消费系统的替代机制；二是在宏观层面（城市）如何形成与汽车共享共同发展的驱动机制。本书基于DPSIR分析框架建立了基于过程的汽车共享消费绩效实现理论模型，将个体、汽车共享和城市互动的替代机制和驱动机制有机联系在一起。

在个体微观层面，本书构建了基于消费绩效实现的替代机制模型，探讨了在汽车共享的影响下个体对汽车共享系统的价值和风险认知与替代消费行为之间的机理机制，并验证相应的研究假设；建立结构方程模型验证了汽车共享系统价值认知、稀缺性风险认知、互惠性风险认知、使用消费行为意向、协作消费行为意向和替代消费行为意向之间的关系。研究发现，汽车共享系统价值认知通过使用消费行为意向和协作消费行为意向对替代消费行为意向产生正向显著作用；稀缺性风险认知通过使用消费行为意向和协作消费行为意向对替代消费行为意向产生负向显著作用;互惠性风险认知通过使用消费意向对替代消费行为意向产生负向显著影响;汽车共享系统价值认知和稀缺性风险认知对替代消费行为意向也产生直接影响。同时,本书验证了性别、是否有私家车和距站点的距离作为调节变量对机制的影响。

在城市宏观层面,本书提出了基于消费绩效实现的城市与汽车共享的驱动机制。一方面,探讨汽车共享的市场供给和与城市的合作供给模式,验证供给模式的选择是基于汽车共享所创造的消费绩效能力和城市的可持续发展需求的,城市和汽车共享之间存在着相互支持的关系;另一方面,从实证角度在经济、社会和环境发展方面构建汽车共享城市驱动力指标,选取华东地区的7个城市并根据指标体系进行排名,从总体角度和不同维度分析不同城市对汽车共享的需求驱动力。

同时,本书基于研究过程提出了可持续消费绩效分析模型,从分享经济的实际应用出发,区分了应急性对策和根本型对冲。某些应急性对策导致整个系统的可持续能力降低。按照不同的分享模式研究发现相应的异化问题,并针对导致异化的发展路径进行治理。通过对不同的汽车共享模式的分析发现,P2P(Peer to Peer,个人对个人)模式适合应用于现有资源充足的发达国家(区域或行业)。B2C 模式适合应用于还在增量的发展中国家(区域或行业);提出了汽车共享的基本治理框架,认为需要通过各主体协同合作,实现社会学习和可持续转型。

总之,本书建立了分享经济的消费绩效实现机制理论,发展了分享系统中个体的消费行为理论和城市与分享系统的驱动理论,为相关理论研究和实践发展提供了可行的研究视角和参考。

兰　静

2021 年 3 月 24 日

目录

第1章

引　言

1.1 研究背景

1.1.1 对可持续消费的认识

消费是经济社会的重要组成部分，也是经济社会生活和福利情况的直接反映。消费被认为是社会经济发展和生态压力的矛盾体：一方面，消费促进经济增长，提高人民生活水平；另一方面，消费水平上升往往会要求生产和投入更多的物质和资源，常常伴随着生态方面的压力（诸大建，2017）。党的十九大报告首次指出，我国社会主要矛盾已经转化为人民日益增长的美好生活需要和不平衡不充分的发展之间的矛盾。而在当前主流的拥有权主导的经济社会系统中，存在着需求满足与经济、社会、环境发展不均衡之间的矛盾，其相应的消费模式和消费水平被普遍认为是不可持续的（Tukker et al.，2006）。

因此，为实现更加可持续发展的目标，传统的社会经济模式需要转型。自1992年在里约热内卢举办的全球环境首脑会议上提出可持续生产和消费模式框架后，许多国家在提高资源使用效率、减少引发环境问题的生产环节的工作中取得了一些进展。但是，由于没有将改变消费行为列为重要目标，生产中取得的经济生态成效引发了增量消费，成为国际上学术界讨论的著名的“反弹效果”（Rebound Effect）（Greening et al.，2000）。研究表明，不可持续的消费行为是造成人类生态环境问题的重要原因之一，如果不从根本上改变这些消费行为，人类将对环境和社会造成严重的威胁。Stahel（2008）指出，应该发展“具有经济生态效率的产品和服务”实践，改变不可持续的消费行为；诸大建（2017）提倡建立环境友好的可持续的生活方式和消费模式；基于生态经济学理论，EMF（2017）建立了蝴蝶状循环经济模型，提出在消费环节应减少新购买，促进产品的再利用和回收，更对产品提出循环型使用的综合解决方案。根据这个模型，Stahel（2016）认为，（在活动和地理空间上）循环的环型越小，所带来的经济利润和资源利用率越高。

一般来说，消费循环发生在个体身上，然而是否应该要求个体消费者“非常聪明地”与绿色生产环节主动连接，他们是否完全了解自己的需求，充分利用产品并帮助整个循环过程完成回收，由此形成了两种提高可持续消费绩效的理论认知。一种认为绿色行为和消费循环发生在个体内部，生产阶段和消费阶段是分离的，个体消费者要具备购买绿色产品和可持续行为的意识和能力，需要自内而外地发生可持续行为，改进重点应放在“绿色化”生产过程和产品上。当然，这在很大程度上可以提高资源生产率，但是由于购买和消费行为仍然是离散的个体行为，学者们认为这容易在消费环节上引起反弹效应，如低排量的小汽车的过度购买和使用使得汽车尾气排放量增加。另一种则认为绿色行为和消费循环可以跨越个体，需要建立支持性的可持续生产和消费的平台或者系统，提供更加完善的基础设施和制度，帮助消费者之间完成社会性的协作消费循环，从而建立在社会和宏观意义上的消费效用与消费消耗生态足迹完全脱钩的协作型消费模式。两种理论都认为消费的标的物品应尽量是绿色的，并且处于使用期的时间越长越好、使用频率越高越好，以充分利用物品的使用价值。Fuchs and Lorek（2005）认为这两种对可持续消费的认知属于两个不同阶段，前者要求购买绿色环保产品的消费及行为属于个体的浅绿色弱可持续消费，但并不一定能产生足够的社会影响和改变；后者属于进一步跨个体的深绿色强可持续消费，需要支持前者而不是否定，不仅要引导消费者改变不可持续的消费行为，还要发展“不求所有但求所用”的功能经济（Function Economy），使消费模式超越拥有型的、个体性的绿色消费模式。

1.1.2　分享经济与汽车共享

一般地，与不可持续的消费行为和消费绩效表现对应的是不可持续的社会经济系统。社会经济系统必须要转变以产品为中心的经营模式，向功能性产品服务化商业模型方向转型。Vandermerwe and Rada（1988）最早提出服务化（Servitization）的概念，White et al.（1999）指出，服务化就是制造商的角色由物品提供者向服务提供者转变，它是一种动态的变化过程。类似地，Reiskin et al.（1999）把服务化定义为“企业从以生产物品为中心向以提供服务为中心的转变”。Fishbein et al.（2000）以及 Makower and Joel（2003）认为服务化是“卖物品的功能或服务，而不是卖物品本身”。联合国环境规划署（United Nations Environment Programme，UNEP）提出了产品服务系统（Product Service System，PSS）商业模式的概念，其关键是企业提供给消费者的不一定是物质形态的产品，而主要是产品的功能或效用。它的内涵在于将有形的产品和无形的服务联系起来，从系统论的角度出发，解决环境问题和低效的消费绩效表现问题。这一概念为从单独的生产循环转变到集成化的生产和消费循环创造了机会。

随着互联网技术的发展，分享经济在短短几年的时间里重新定义了许多行业的商业运作模式、人们的消费模式和生活方式，支持“不求所有、但求所用”的功能经济，跨越消费和循环的原有个体界限，允许在更大的范围和应用领域内分享资源。分享经济被认为是现有拥有型消费的替代方式，是朝更加可持续的生产和消费模式转型的新经济模式。Botsman and Rogers（2010）将分享经济中所涉及的主要活动称之为协作消费（Collaborative Consumption）。该消费模式基于互联网与移动终端应用的分享经济，将传统消费过程分解为基于双边甚至多边的协作，将闲置的、共同的或者二手的资源进行借贷、租赁、赠予、交换或购买等。分享经济强调使用权替代所有权，超越个体的消费模式，它改变了人们的消费模式，并发生了从“你是你拥有的（You're what you own）”到“你是你能获得的（You're what you access）”的消费价值观（Belk，2014）。

工业界分享经济实践的兴起，推动了学术界对分享经济的相关研究，特别是对形形色色的分享经济商业模式的研究，去定义和理解分享经济。Botsman and Rogers（2010）在 *What's mine is yours*（《我的就是你的》）一书中研究跨越个体的共享消费，引发了十年来对于以移动互联网为技术基础的分享经济的研究。随后，大量学者在分享经济的定义、分类和应用领域展开研究（Bardhi and Eckhardt，2012；Schor and Fitzmaurice，2015；Roos and Hahn，2017；Acquier et al.，2017；蔡宁伟，2019），认同个体之间的共同消费、资源共享和发展产品服务系统是实现强可持续消费和建设新时代生态文明的有效途径（Botsman，2017；杨振凯和邓春红，2019）。分享经济是基于生产供给与消费相统一的产消者（Prosumer），与共享平台达成协作关系，通过交易费用的降低，促进人与人之间形成平等、互信、和谐、共生的关系，以达到其绿色、可持续的目的（Wilhelms et al.，2017；Lan et al.，2017；向国成 等，2017；Ma et al.，2019）。

自 2010 年以来，分享经济在中国的交通领域持续进行商业创新（如滴滴出行、EVCARD、Mobike 等），在一定程度上影响和改变了交通政策的制定和人们的日常生活。更重要的是，这些商业创新出现在中国经济社会向可持续发展转型的关键时刻，为从粗放的城市扩张和蔓延转变为更聪明、更绿色的城市发展提供机遇，并为更可持续的城市交通模式和消费模式提供可能。尽管存在着多种问题，分享经济在中国还是得到了迅速发展。2017 年发布的《中国分享经济发展报告》显示，2016 年中国整体的分享经济交易规模已经达到了 34520 亿元，比上年增长 103%。麦肯锡发布的《2030 年汽车革命的趋势预测报告》预测，到 2030 年，出售新车中用于共享服务的车型数量最多将达到 10% 的比例，同时私家车数量会相应逐步减少。到 2050 年时，每三辆出售的新车中就可能有一辆是用作共享出行的。《2017 中国共享汽车现状与趋势报告》披露，目前中国投入运营的共享汽车数量已经达到 3 万辆左右，预计未来 5 年汽车分时租赁市场将以超过 50% 的增幅继续发展，到 2020 年，整体车队规模有望达到 17 万辆以上。2017 年 8 月 8 日，交通运输部、住房和城乡建设部联合发布《关于促进小微型客车租赁健康发展的指导意见》，鼓励和指导汽车共享的发展。

汽车消费在我国方兴未艾，随着经济水平的提高和汽车价格的下降，我国汽车保有量近年来发展迅速，从1990年的千人民用汽车保有量4.8辆到2016年的140辆，并依然保持着高指数的增长率。截至2017年底，全国机动车保有量达3.1亿辆，其中汽车2.17亿辆，机动车驾驶人达3.85亿人，汽车驾驶人3.42亿人。私人汽车的消费刺激了城市蔓延（王家庭 等，2015），改变了城市空间格局，改变了人们的生活和工作节奏，同时引发了诸多问题，如城市的交通拥堵问题、空气污染问题、驾车者与非驾车者对交通空间的争夺问题（邓万春和王晓珏，2015）等。在解决低碳交通消费问题时，很多研究提到要扩大公共交通的规模，呼吁民众乘坐公共交通，但是目前公共交通的承载能力和营运路线还是有限的，纯粹的“严防堵截”并不会降低消费者对于私家车辆的需求。以私人拥有为基础的汽车普及消费是一种非可持续性的汽车消费模式，给环境、能源、交通带来了一系列问题。要解决汽车消费的问题，在通过技术创新提高资源利用效率及减少排放的同时，还必须进行消费模式的创新，以求在不降低社会福利总体水平的情况下减少汽车的消费，从而达到更高的交通消费绩效。汽车共享是分享经济中重要的应用领域，目前在国家资金、政策等方面的扶持下已经取得了一定的发展。

但是其消费绩效的实现不同于传统拥有型社会经济系统，其中包含着消费问题和治理问题，不仅关系到个体消费绩效的实现，更影响到整体的系统效益。目前对分享经济实践如汽车共享的研究多基于西方发达国家的社会经济情景，存在着一些问题：一是在背景上，大量研究主要基于发达国家汽车拥有量较高的情况进行，针对发展中国家和城市背景的研究缺乏；二是在商业模式上，主要基于P2P（Peer to Peer，个人对个人）的汽车共享进行研究，对于B2C（Business to Customer，企业卖家对个人买家）的汽车共享研究比较少；三是在具体影响方面，研究片段化、零碎化、不成体系，一定程度上忽略了分享经济下消费绩效理论基础和可持续消费转型的影响机理。因此，应正视中国现阶段汽车拥有量不高、P2P汽车共享发育并不成熟的现状，研究B2C汽车共享模式引入中国后，由于我国城市发展背景不同及其服务模式的不同所带来的相关理论拓展和实践影响。

1.2 研究的问题及意义

1.2.1 问题的提出

汽车分时租赁，即狭义的B2C汽车共享，通过将互联网（尤其是移动互联网）、物联网、移动支付、基于位置的服务（Location Based Service，LBS）等信息技术结合，将汽车的使用变成了交通解决信息系统，用户可以根据用车需求和实际用车时间（大多以分钟或小时计量）来付费，具有车辆共享、分时计费、自助取还、智能环保的特点。大部分汽车共享企业和平台提供新能源汽车和多种车型选择。汽车共享是在消费绩效理论和循环经济理论指导下，通过系统重构提高消费绩效的一个典型实践，根本目的在于替代拥有型的汽车消费，实现个体、社会效用与物质消耗的脱钩，改变人们的出行观念和消费模式，因此有利于实现汽车消费向更加可持续的方向转型。然而，Lamberton and Rose（2012）认为大部分商业分享系统（如汽车共享和自行车共享系统）具有高竞争性和低排他性的公共池塘物品的性质。而人们在汽车共享中非常容易进行一些不当行为（如偷盗、损坏或者搭便车行为），从一定程度影响了该交通应用的接受度、扩散能力和实际的消费绩效实现（Schaefers et al.，2016）。同时，随着分享经济的快速发展，具体实践的异化和问题也随之而来，引起了社会各方面对其可持续能力的质疑。Martin（2016）认为分享经济提供了三个机会：一是实现经济发展的机会；二是更加可持续消费的机会；三是向去中心化、公平和可持续经济发展模式转型的路径机会。然而Bardhi and Eckhardt（2012）认为分享经济以市场调节的使用型消费（Access－based Consumption）为主要特征，并举例说明大多数汽车共享的消费者根本不在意其绿色和环保的能力，而是追逐这种消费所带来的效用。Makov and Newman（2016）通过实验验证了汽车共享的消费者并没有形成绿色环保意识这一溢出效应，认为商业型的共享实践并不能带来真正的绿色认知转型，也无法造成其他可持续行为的改变。

实际上，对于分享经济及其相关实践是否可以实现经济社会的可持续发展和消费绩效的提升，一直存在着争论和矛盾。各方呼吁应该量化各种分享活动的消费绩效，以防止其出现更加不可持续的后果。由于个体分享实践行为的分散和商业数据的保护导致结果量化十分困难，使得大部分研究者难以量化消费绩效具体结果的研究。从产品服务系统的角度来看，B2C 汽车共享属于使用型产品服务系统，曹莉萍和诸大建（2016）基于主体—过程—绩效的可持续科学分析框架，对产品服务系统的绩效理论进行实证研究后，发现产品服务系统的管理过程直接影响可持续绩效结果。研究认为，并非一定要进行结果研究，可以通过建立目标优化过程，寻找影响绩效实现过程的要素，对其进行管理和优化，以实现更好的可持续绩效结果，即通过什么样的过程可以达到提高汽车共享的消费绩效。

之前研究的问题在于忽视了分享经济中可持续消费转型的过程，特别是缺乏在具体情景下对消费模式和消费绩效提升逻辑的系统深入分析，Palgan et al.（2017）曾采用质化研究方法中的框架研究法（Framing Approach）对参与房屋分享的个体进行访谈，以描述和评估分享实践的消费绩效的表现。研究指出，通过消费分享物品后的替代消费行为是分享实践消费的具体绩效表现。据此，本书认为，消费模式的改变和消费需求的替代这一过程是分享经济及其相关实践对可持续消费绩效实现的主要贡献。具体来看，使人们从私家车拥有型消费转变到汽车共享消费，再到更加绿色或者集约的交通消费，这样的消费转变路径，其中的作用影响机理需要明确。同时，本书认为研究汽车共享的消费绩效，应该结合外部宏观城市或者区域背景、中观的供给制度体系与微观个体的内在需求和关系。基于这样的认识，本书认为可持续消费绩效在汽车共享的实现过程中存在着微观层面的替代机制和宏观层面的驱动机制，提出以下研究问题：

（1）分享经济的消费绩效理论基础是什么？个体和城市在其中的作用是什么？

（2）以汽车共享为例，在微观层面实现其消费绩效的替代机制是什么？

（3）在宏观层面，影响实现城市支持汽车共享系统的驱动机制和驱动力是什么？

1.2.2　研究的理论意义

目前的分享经济和汽车共享理论研究核心在于消费动机、商业模式、分享经济的概念和性质以及分享经济的可持续发展、治理等（Cheng，2016），在一定程度上忽略了由消费转型带来的消费绩效提升这一方面，特别是缺乏在分享系统影响下个体消费行为变化趋势和城市与分享系统的互动关系所带来的消费绩效影响机制的研究。以目前中国发展的 B2C 电动汽车共享为例，围绕分享经济场域下消费绩效的实现过程，验证各因素对汽车共享消费行为的影响作用，并探讨对替代消费行为的作用，进而探讨城市与汽车共享的互动关系和驱动力，具有现实意义。本书的理论意义如下。

（1）还原汽车共享中提升消费绩效的本质，结合经济学、生态经济学、社会心理学、社会消费转型理论等进行跨学科的理论分析，关注分享经济的消费绩效理论基础和消费绩效的衡量方式。对汽车共享消费绩效进行理论和实证研究，有利于揭示汽车共享提升消费绩效的内在机制。

（2）在还原汽车共享消费绩效理论的基础上，从分享系统和个体互动角度，探索和证明了人们对汽车共享系统的价值认知和风险认知的组成维度，探讨了影响价值—风险和行为的关系机理；明确定义了汽车共享的消费行为组成，并对替代消费行为进行说明，将其引入汽车共享消费绩效的分析框架内。这是汽车共享消费行为研究方面的一种新的尝试，从微观角度拓展了消费绩效实现的研究。

（3）在还原汽车共享消费绩效理论的基础上，从分享系统和城市互动角度，分析城市发展汽车共享的需求驱动力，建立汽车共享的城市驱动力指标体系。这是从宏观角度拓展了消费绩效实现的研究。

（4）提出了可持续消费绩效分析模型，从分享交通的实际应用出发，发现某些应急性对策导致整个系统的可持续能力降低。根据不同的分享模式发现相应的异化问题，并针对导致异化的发展路径进行治理。通过对不同模式的汽车分享进行分析，发现其适合的应用环境有所区别，P2P 分享适合于现有资源充足的发达国家（区域或行业），B2C 分享适合于汽车保有量还处于不断增加阶段的发展中国家（区域或行业）。

1.2.3 研究的实践意义

作为世界上人口最多和最大的碳排放国，中国的可持续发展能力提升对实现世界范围的可持续发展目标至关重要。在人均碳排放量方面，2013 年中国人均排放7.2吨，而欧洲人均排放6.8吨，这意味着中国的人均碳排放量首次超过欧洲，但是中国很多人仍然处于贫困状态，需要提高生活水平和消费水平。中国还面临着高速城市化的压力，现有的消费体系受到了极大挑战。本书选取主要的汽车共享案例的背景是上海。首先，上海是中国最具代表性的全球化城市，在世界范围有着广泛的影响；其次，根据相关研究，城市三个主要的碳排放来源分别是交通、建筑和工业，而交通是目前唯一一个仍在增长的碳排放来源（UN – Habitat, 2016），可持续交通发展已成为城市可持续发展的关键问题；最后，上海是目前中国在新能源汽车共享方面做得最好的城市，具备很好的现实环境。本书基于汽车共享的实证研究，不仅可以为汽车共享企业的市场发展提供对策建议，也可以为政府相关部门决策提供参考，从而提升汽车共享在中国和城市的发展适应度和绩效，具有非常重要的现实意义。

1.3 研究范围和内容

一般地，有两种分享经济的商业模式，一种是P2P，由个体参与者通过分享平台为其他个体提供共享资源（包括产品、服务或技能），如Uber、Airbnb和TaskRabbit；另一种是B2C，企业为注册个体用户提供共享资源，如汽车共享、共享单车系统。P2P商业模型适用于资源丰富的领域，因为它要求分享多余的空置资源和能力，而B2C商业模型适用于资源欠缺的领域，需要由商业创造出这些共享的资源进行分配，所以它的商业模式和消费绩效的实现与P2P相比略微不同。目前来看，B2C在分享经济中日益重要。由于中国大部分城市和地区仍处于资源稀缺状态，B2C商业模式是中国在分享经济中主要的商业模式（戎珂和王勇，2017）。

本书将B2C汽车共享①视为分享经济在中国的应用领域代表，从共享系统与个体、共享系统与城市之间的互动视角，结合分享经济消费绩效理论、消费行为理论和城市可持续发展理论，探讨汽车共享的消费绩效实现的过程及影响机制。本书分为七个章节，其中，第2、3章将解决1.2.1节中提出的

① 本书定义B2C电动汽车共享简称为汽车共享，下文中出现的汽车共享即为电动汽车共享。

第 1 个研究问题，第 4、5 章将解决第 2 个研究问题，第 6 章将解决第 3 个研究问题，第 7 章对第 1 个研究问题进行进一步分析和应用，并提出政策建议。各章节的具体内容如下。

第 1 章，引言。本章主要阐述了研究的实践背景和理论背景，提出了研究的问题、意义、创新点和研究范围，介绍了研究方法和技术路线，以及本书的整体研究内容和框架结构。

第 2 章，理论基础和文献综述。本章对分享经济的消费绩效的相关研究理论进行了阐述和梳理。首先，对分享经济的消费绩效的理论内核的相关理论和研究进行了梳理和总结。其次，对分享经济内个体与分享系统和城市与分享系统的相关研究进行了综述。

第 3 章，汽车共享消费绩效分析框架和模型构建。本章基于可持续过程的消费绩效的测量原则，分别从个体与汽车共享系统互动的微观视角和城市与汽车共享系统互动的宏观视角构建分享经济场域下消费绩效提升的影响机制模型，并提出相关研究假设。

第 4 章，汽车共享替代机制的因子分析。本章首先对于价值动机进行质化分析，通过“方法—目的链”探索消费者在具体的中国城市新能源汽车共享场域下的具体价值动机，由此获得系统价值认知的因子组成维度，进而对其进行定义；其次对系统风险认知的因子组成维度，进而对其进行定义，完整之前的假说；最后对系统价值认知和系统风险认知进行了探索性和验证性因子分析。

第 5 章，汽车共享消费绩效实现的替代机制实证研究。本章从个体与汽车共享互动的微观视角研究消费绩效问题，考察个体对系统的价值和风险感知是否可以转变为提升消费绩效的有效行为，对汽车共享消费绩效行为模型及其假设进行验证，其中包括中介变量的验证、结构方程模型验证和修正、调节变量和调节作用的验证。

第 6 章，汽车共享消费绩效实现的驱动机制研究。本章从城市与汽车共享互动的宏观视角研究消费绩效问题。一方面，在消费绩效实现的基础上，探讨城市中汽车共享的供给模式；另一方面，以可持续发展的三重底线作为城市发展汽车共享的可提供的消费绩效的需求基础，在经济、社会和环境发展方面构建城市汽车共享城市驱动力指标。

第7章，汽车共享的可持续消费绩效分析和治理研究——不同模式的比较研究。本章通过对分享交通的分析，发现不同的分享模式适合的应用环境不同，提出了可持续消费绩效分析模型，根据不同的分享模式发现相应的异化问题，并针对导致异化的发展路径进行治理。

第8章，结论和展望。本章总结本书的主要结论、主要创新点、局限性和进一步研究的方向。

1.4　研究可能的创新点

本书在对国内外理论研究梳理的基础上，研究分享经济典型B2C实践——汽车共享，建立了基于过程的分享经济消费绩效实现机制模型，这对于研究相关分享实践、可持续消费和城市可持续发展具有理论和现实的借鉴意义。可能的主要创新点如下。

（1）综合微观和宏观层面，构建了分享经济中的消费绩效实现理论模型。

该模型分为两个主体互动关系。本书分别从分享系统与个体互动的替代机制和分享系统与城市互动的驱动机制入手进行研究。通过DPSIR分析框架将两种主体互动关系有机地联系在一起，从而共同作用以实现汽车共享更高的可持续绩效。该理论模型在分析分享经济可持续能力实现机制的理论创新点，从研究层次上看，是从微观和宏观方面突出了分享经济在个体消费和城市社会经济系统可持续发展中的作用；从研究的内容上看，是着重处理了主体间的互动关系和过程；从研究的区域和商业模式来看，是基于发展中国家B2C分享实践的研究。

（2）重新定义了汽车共享涉及的不同的消费行为，突出了汽车共享为代表的分享系统的潜在风险，并验证了汽车共享对现有消费体系的替代机制。

从B2C汽车共享的具体消费特征入手，将人们参与汽车共享消费分为使用消费和协作消费两类，并对其进行了定义，指出协作消费是分享经济的重要绩效保证。在以往的研究中，着重定义了P2P中的消费行为和类型，然而在B2C中也存在着协作消费，且对系统的整体消费绩效实现具有重要的影响作用，需要对其进行准确的定义。本书从汽车共享的性质出发，在理论上探讨了它所具备的“公地”性质：高竞争和易获取性，并将这两种性质定义为B2C汽车共享系统的稀缺性风险和互惠性风险，考察了个体对这两种风险的认知以及对消费行为的影响。同时，替代消费是汽车共享最具消费绩效提升作用的结果表现，本书提出汽车共享系统消费对传统拥有型消费的替代作用，并对此进行了实证检验。这在目前的分享经济消费的理论研究中是比较少的。

（3）弥补了宏观层面的研究，提出了城市与汽车共享互动的驱动机制。

将城市作为发展汽车共享的基础驱动力来源，探索了城市与汽车共享之间的关系，认为汽车共享与城市之间存在着相互合作和需求的关系，研究汽车共享的消费绩效能力必须要建立在分析城市背景和需求驱动力的基础上。同时，不同城市具有不同的特点，需要寻找具体的与城市需求相契合的分享或者可持续实践来提高宏观层面的消费绩效。

1.5 研究方法和技术路线

1.5.1 研究方法

本书采用规范研究和实证研究相结合的方法，根据“文献理论综述和访谈—提出理论模型和假说—形成问卷和数据—微观样本实证研究（证实或证伪）—宏观样本实证研究—形成结论”的研究思路进行研究。具体使用的研究方法如下。

1.5.1.1 理论研究

相关理论研究工作包含：①在确定研究问题的基础上，系统地查阅和整理国内外与本书相关的文献。②建立相应的理论框架，提出待检验的假设。③文献阅读和资料收集。

1.5.1.2 经验研究

充分借鉴前人的研究成果，与研究的利益相关者充分对话，听取各方面专家建议，扎根汽车共享在中国发展的实际背景，设计出合理和具有高信效度的问卷。具体来看，采用小样本调研验证了量表的质量，纠正了量表的表达，在数据质量上，采用测量样本的正态分布性、共同变异方法等进行评估；

对研究理论和假设采用相关分析、方程分析、结构方程建模等分析方法进行了科学的测量和检验。

1.5.1.3　量化分析

在结合现有成熟量表的基础上，对上海市共享交通领域的政府部门、企业、专家学者和用户群体进行访谈，设计了初步问卷，进而对上海市市民及汽车共享的用户进行问卷小样本调查，进一步确定和修正了问项和问题表达方式。之后依托网络平台对上海市可能的汽车共享用户进行大规模调查问卷，以及通过项目调研的方式对相关的专家及核心利益相关者进行专门的专家问卷调查。具体工作包含统计分析、信效度检验、方差分析、因子分析等；对结构方程模型进行建模和检验，包括验证性因子分析、路径分析、模型修正等；进行了层次分析，以确定专家问卷中各指标的权重。

1.5.2　技术路线

技术路线是引导选题、构思、产生科学结论的总体性研究规划。技术路线提供了为达到研究的目的、科学合理解决研究问题的指导性理论框架。本书的技术路线图如图1.1所示。

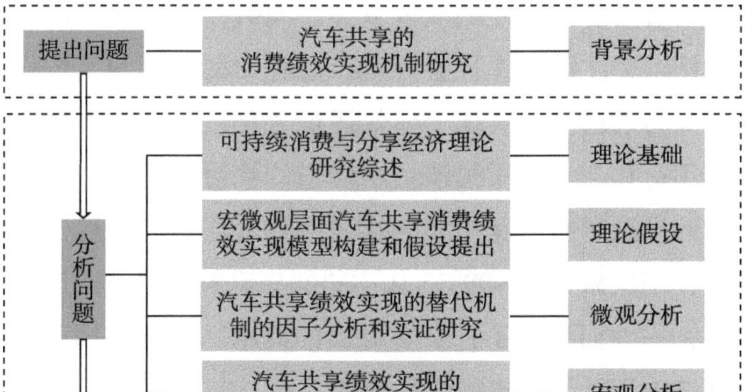

图1.1　本书的技术路线

第2章

理论基础和文献综述

2.1　分享经济消费绩效研究的理论基础

2.1.1　消费绩效与可持续消费

消费是人类社会的基本功能，是人类从自然界获取相应的物质能源以维持自身的生存发展的行为和过程。从消费的拉丁文词根（Cnsmere）来看，消费指的是对外物所具有的强烈的获取欲望。同时，多种学科对消费的内涵进行了解释。经济学关注消费在社会再生产过程中的消耗和生产作用，微观经济学重视个体如何通过消费实现个体效用最大化，宏观经济学关注消费在国家经济中的作用；社会学家重视消费所带来的社会关系；生态经济学认为消费是人类与自然界进行能量和物质交换并伴随着增熵的过程，注重消费给环境带来的负面作用（刘倩，2009）。从不同的概念解释可以看出，消费产生两个方面的结果：一方面满足了社会各方面的需求，实现了福利的增加；另一方面从物理环境中消耗了物质资源和能量。

绩效的概念来自管理学，包含两个方面的含义，一是为了取得某种目标或者结果所付出的成本和代价，也就是所谓的效率或者效益，是成本和结果之比；二是指结果的表现和展示，特别是为实现某种目标而达到的有效输出（史传林，2014）。因此绩效可以表达为某种比率或者结果，而消费绩效可以表达为某种消费活动的投入和输出之比或者是消费行为的变化结果。这两种消费绩效的表达是一件事的两个方面，相互之间存在着影响关系，当人们某种消费行为发生变化时，势必影响着相应消费活动的投入成本和输出结果，而消费活动的投入成本和输出结果的变化说明出现了某种消费行为的变化。

因此，消费绩效是为满足需求所需要的物质资源消耗，是投入的物质资源所获得的经济社会方面各种需求满足的效率或者效益。其中，这里的需求满足包括了消费活动所带来的经济效益、社会效益、环境效益、功能和心理满足等，不仅是个体层面上，还有整体层面上的含义。具体来看，消费绩效可表示为：消费绩效 = 需求满足/资源消耗（Lorek and Spangenberg，2014）。该概念公式可展开为：

$$\text{消费绩效} = \underset{\substack{(1)\\ \text{生产效率}}}{\frac{\text{物质产出}}{\text{资源消耗}}} \times \underset{\substack{(2)\\ \text{维护效率}}}{\frac{\text{使用时间}}{\text{物质产出}}} \times \underset{\substack{(3)\\ \text{服务效率}}}{\frac{\text{服务供给}}{\text{使用时间}}} \times \underset{\substack{(4)\\ \text{服务效果}}}{\frac{\text{需求满足}}{\text{服务供给}}} \tag{2.1}$$

在公式（2.1）中，比率（1）是生产效率，分子为物质产出，分母为资源消耗，该比率指的是从给定的资源投入中获得物质产出，通过减少资源开采和使用的数量达到相同的生态系统服务水平，亦称为技术效率，这是在生产阶段所追求的；比率（2）是物质产出的维护效率，分子为使用时间，分母为物质产出，这一比率体现了单位物质产出的耐用度和可维护程度，是对物质进行维护的能力；比率（3）是服务效率，分子为服务供给，分母为使用时间，这一比率体现了在使用时间内可以提供的服务数量有多少，反映了对服务进行管理的能力；比率（4）是服务效果，分子为需求满足，分母为服务供给，是指对服务所提供的需求效用的满足情况，包括需求效用满足的质量和数量，该比率代表对服务满足需求的过程进行管理的效果。最终得到：消费绩效 = 生产效率 × 维护效率 × 服务效率 × 服务效果。这个公式表示了所有的社会经济活动实际上是在生产和消费中自然资本转化为社会需求满足的过程，这个过程经历了 5 个环节，即自然界开采矿产资源—自然资本流量进入社会—生产形成物质资本存量—产品提供所需要的服务—实现需要和满足，5 个环节之间对应产生了 4 个比率，由于每个环节均可能有一定的物质损失，因此提高消费绩效可以在以上 4 个比率上进行效率的提升（诸大建，2017）。从公式（2.1）可以看出，它所指的消费绩效组成包含了生产过程的消费和社会过程的消费，在生产过程中经常用资源生产率或者技术效率进行代指。本书将消费绩效定义在社会消费环节，关注的是不同消费系统或者消费模式所带来的消费绩效的变化。

研究界为了解决消费本身所存在的需求和消耗之间的矛盾，提出了提升消费绩效的概念——可持续消费。联合国环境署（UNEP，1994）将可持续消费定义为："提供服务以及相关产品以满足人类的基本需求，提高生活质量，同时使自然和有毒材料的使用量最少，从而不危及后代的需求"。Heiskanen and Pantzar（1997）将可持续消费定义为："一种满足当代人的需要而不损害子孙后代需要的消费活动"。2001 年联合国环境署（UNEP，2001）再次对可持续消费进行解释，认为可持续消费涵盖了为满足生命的基本需求，保证人类的持续发展，同时减少环境破坏对人类健康的危害等目标，所必需的具有可持续特征的一系列目标和手段。由于其涉及活动宽泛，可持续消费被认为是一个概括性的概念，包括人类需求、公平、生活质量、资源效率、废弃物最小化、全生命周期思维、消费者健康与安全、消费者主权等内容（Mont and Plepys，2008）。然而以上定义很难进行理论和操作方面的界定和指导，Fuchs and Lorek（2005）认为可持续消费的概念核心是可以达到消费效用与资源消耗脱钩的消费模式，即在资源消耗最小化的同时尽可能提高消费效用，研究如何通过不同消费模式来产生更高的可持续消费绩效。因此，可持续消费是为了达到更高消费绩效的消费模式。

2.1.2 消费绩效提升的理论基础

2.1.2.1 稳态经济理论

大规模的工业革命带来了世界经济的繁荣增长，在"大转型"的影响下（波兰尼，2007），经济系统从社会、生态系统脱离出来得到了充分的发展。然而持续的全球经济和人口增长对自然环境造成损害，反过来影响人类社会的发展。自 20 世纪 70 年代，西方开始反思经济社会发展与环境压力之间的关系，涌现一大批理论思想，其中以 Daly 的稳态经济理论为代表。Daly（1977）认为传统的古典经济学没有考虑环境资源对经济的贡献，不断扩大的经济边界使得现在的世界已经从“空的世界”（Empty World）到了“满的世界”（Full World）。在新古典经济学框架下，经济系统是独立于生态系统自运行的，只关注“生产—产品—效用”的关系，资本和劳动力是生产资料，自然就形成了人造资本并完成了效用的实现，而随之出现的环境问题属于市场失灵的情况。生态经济学认为经济系统是内生于环境系统的，应关注“资源—生产—产品—效用”的关系，需要在保证效用稳定增长的情况下保持资源消耗不变或者降低，达到效用与物质、物质和资源消耗之间的双脱钩发展（Daly, 2004）。诸大建（2013）从规模、效率和公平三个方面比较了新古典经济学和生态经济学的研究假设和理论侧重点（见表 2.1）。

表 2.1　新古典经济学与生态经济学的主要观点比较（诸大建，2013）

类别	规模	效率（生产阶段）	公平（社会阶段）
新古典经济学	主张物质规模可以无限扩张	强调提高劳动生产率和资本生产率等传统要素	不考虑自然资本的社会分布情况
生态经济学	经济增长的物质规模是有极限的，好的发展应该是物质规模为一定情况下的社会福利的持续增加	强调要特别注意提高土地、能源、水、稀缺自然资源等的资源生产率	强调在物质规模一定的情况下，物质分布需要从占有过多的部分流向占有不足的部分，才能增加社会总的福利水平

稳态经济理论是建立在生态经济学基础上的超越增长的发展哲学，将经济系统重置于生态和社会系统之中，不仅重视增长的数量更重视发展的质量。具体地说，增长是以数量为基础的，而发展则更加关注质量，如福利、公平、机会等。Daly（1977）指出，新古典经济学主张物质规模可以无限扩张，在工业革命刚开始的很长一段时间里，当经济系统处于相对小的时候，还没有干扰到或者受缚于生态系统时，是稀缺的人造资本和人力资本限制了生产，自然资本属于中性，逻辑在于增加稀缺要素的供给和生产率，即可增加产出和实现繁荣，这时经济的快速增长可以带来社会整体福利的提高。因此，新古典经济学是一个研究“空的世界”的理论范式，通过不断地提供生产、消耗资源为社会福利工作。这个理论范式在“满的世界”中受到了挑战，Daly（2004，2007）认为，自然资本已成为经济增长和人类福利水平提升的制约性要素，经济系统中的人造资本和人力资本已经相对充足，而自然资本开始变

得稀缺。而在“满的世界”，地球的自然资本所产生的自然资源已经不能满足经济生产和消费的需求，对自然资本的废弃物吸收和转化能力也日益降低（见图 2.1）。此时，单纯追求数量增长的经济系统遭遇到自然生态系统的束缚和影响，因此应重新考虑增长的质量。

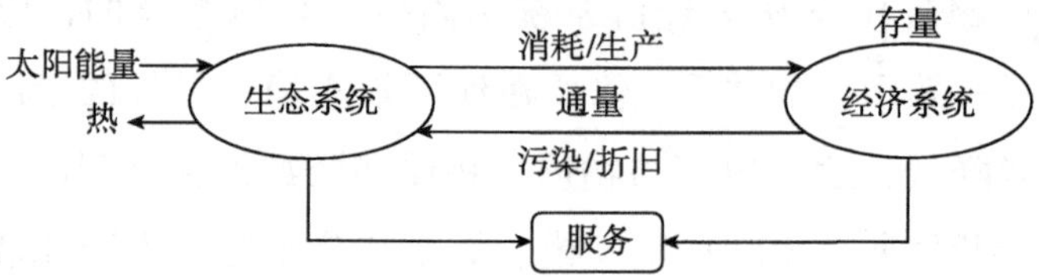

图 2.1　生态系统与经济系统的关系

Daly（1991）认为，人类不管是从经济系统还是从生态系统中所获得的都是服务，通过服务来满足自身需求，重点在于效率。在经济系统和生态系统互动的理论范式下，效率考虑的是如何对自然资本有效利用以实现自然资本生产率最大化和让更多的人获得服务，产品所带来的福利要比产品本身更加重要，在一定生产规模上扩大服务，提高社会的可获取能力和平等，既可以减少经济发展所带来的资源攫取和环境影响，又可以满足人们的需求和福利。由此，他提出服务和生产资源通量①的比率为效率，即：效率 = 服务／通量 =（服务／存量）×（存量／通量），而之后的研究应用中经常将该效率称为资源生产率。进一步地，将服务的需求满足加上去后，该式变为：生态绩效 = 需求满足/通量 = （存量/通量） × （服务/存量） × （需求满足/服务）。

其中“存量／通量”指的是维护物质存量所需要的自然资本通量，是实物的维持效率，越耐用、使用周期越长、越不需要保养的产品，维护效率越高；“服务／存量”指的是服务效率或者配置效率，即已有的产品存量可以提供多少服务、是否存在闲置、产品的服务能力是否可分，是其中的重要效率影响因素，如通过共享服务达到汽车这一物理产品的服务分割，将一辆汽车同时服务于多人或者减少闲置时间贯序服务于多人；“需求满足／服务”指的是服务效果，表示需求是以服务所提供的需求效用满足，包括需求效用

---

① 通量是指新进入经济系统的物质消耗，在本书中将它和物质投入视为对等概念。

满足的质量和数量。

Daly 的稳态经济理论从物质流角度研究自然资本、人工资本的转化及满足需求的过程，主张存量足够、通量最小化与服务最大化。因此，对经济的评估不是以产品而是以服务为核心，以是否可以满足需求作为评判标准。另外，有效地对存量资源进行充分利用也是提高绩效的重要组成内容，是生态绩效提升的影响要素。这一理论在指导各种可持续实践和测量绩效方面具有基础性的理论支撑作用。从提高可持续消费绩效的角度来看，稳态经济理论给予现实实践的主要两个方面的启示，一是产品即服务，物质产品不是消费的目的，服务才是满足需求的必须；人们的消费实际上是为了获取服务，需要对产品进行服务化的转变。二是可实现更高的消费绩效，在消耗资源更少的基础上更好地满足人们的需求，需要在已有存量的基础上加强循环，以在单位时间内以最少的通量实现稳态经济。

稳态经济理论过于宏观，需要计算存量的最优规模，比较适合指导发达国家。稳态经济适合发达国家的经济情况，发达国家经济停滞但社会仍需要发展，减少消费需求和数量将明显减少环境影响，但是社会福利并不会受到影响；中国等发展中国家则需要以经济增长促进社会发展，而环境可能不影响或者影响小于经济社会绩效增长的状态。这是两种不同的发展理念。然而该理论提供的经济社会的发展思路和理论的基本考量是一致的，即可以在物质资源消耗不变或者增加较少的前提下实现更高的社会福利。在具体的社会和商业实践中，需要重视该理论基础，即以这样的理论基础指导各种分享实践活动，如 P2P 分享建立在资源充足的基础上，实现消费绩效提升，基于原有存量，实现物质消耗和绩效提升的强脱钩；而 B2C 分享建立在原有资源不足但是快速地达到稳态状态的基础上，实现物质消耗和绩效提升的弱脱钩（Ma et al.，2019）。

2.1.2.2 IPAT 理论

通过环境影响公式 $I = PAT$，可以从宏观意义上理解各种要素对资源环境的影响。在该公式中，I 表示经济社会活动对资源环境的整体影响（Impact），P 表示人口（Population），A 表示人均富裕程度（Affluence）或者人均消费水平，T 表示单位产出的资源消耗强度或者技术效率（Technology）。如果要减少对环境的影响，该公式提供了解决日益增长的消费需求与资源环境矛盾的思路：资源结构、人口、消费规模和技术效率。根据预测，到 21 世纪中叶，全球人口将增长 25%，因此减少生态环境影响依赖于资源规模的提升、技术解决方案和消费的管理（诸大建，2017）。

资源结构改进，即提高资源供给或者寻找更多的资源供给渠道（如寻找到更多的石油或者替代性能源）。该方式主要是降低公式中 I 在整体资源规模中的占比，通过扩大替代性或者清洁型的资源规模，满足各种经济社会活动对资源的需要。例如，新能源汽车的推广，实现了一定的能源转型，但是仍然属于个体式的消费，无法改进增量汽车在城市中争夺有限空间的情况。

改进技术效率是降低环境影响的基础方案，理论上将其表达为生产技术效率或者生产生态效率，即生产中的投入的自然资本可获得的人工资本回报越高，技术或者生态效率就越高。学界在该方面进行了大量的研究，包括生态现代化、工业生态学、绿色生产和清洁生产等（Tukker，2008）。中国已开展多年的绿色生产，即强调在技术效率上进行提升，然而生产阶段的技术效率改进往往会在社会环节遭遇反弹效应，微观单位的技术改进却常常导致宏观规模的扩张（如人口增加或者需求增加），而无法达到降低整体环境影响的目的。

技术解决方案包括资源结构和技术效率的提升，是目前以经济增长为核心要义的主要解决途径，是绿色发展的重要保证。然而，一定程度上技术解决方案是未来发展的方向，并没有明确的实现时间节点，因此注重在消费环节的管理和创新更加重要和具有实践意义。

从消费的角度将环境影响公式 $I=PAT$ 进行分解，得到：$I=P\times\frac{DS}{P}\times\frac{I}{DS}$。其中 DS 为需求满足或者福利水平，那么 $\frac{DS}{P}$ 即为人均需求满足，$\frac{I}{DS}$ 为每单位需求满足的物质资源消耗，这与公式（2.1）中指出的消费绩效计算公式互为倒数（消费绩效 $=\frac{DS}{I}$），因此 $\frac{DS}{I}=P\times\frac{DS}{P}\times\frac{1}{I}$。设 $\frac{DS}{P}=n\times y\times k$，$y$ 为满足单位个体需求的产品数量；如果产品的服务可以分割，设在某一经济系统内每个产品可以提供 n 份服务，n 指的是产品的服务可分能力或者服务能力，指的是需求满足需要多少 y，n 越大所需要的产品数量 y 就越少；k 为需求增长系数，与需求变化相关。因此本式可展开为：

$$消费绩效 = \frac{DS}{I} = P \times k \times n \times y \times \frac{1}{I} \tag{2.2}$$

与消费绩效表达（2.1）式相比，（2.2）式更加关注在某一经济系统内产品的服务能力和可分能力。该式主要提供的消费绩效提高思路在于从减量消费、个体角度出发的拥有性绿色消费、跨越个体循环的共享消费这三个方面着手（见图 2.2）。

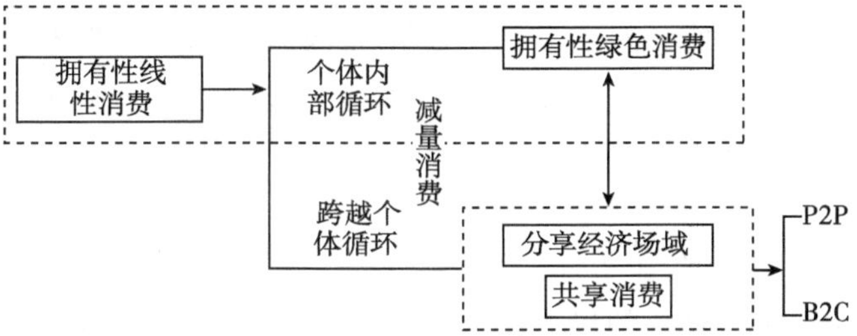

图 2.2　提高消费绩效的三种方式

具体地看，第一种途径是减量消费，即减少个体需求，发展以足够为核心的消费观，降低消费水平，在物质生活丰裕的情况下，减少不必要的物质增加。第二种途径是改进性的绿色消费，即在个体消费基础之上提高资源的环境绩效。这种认知在于认为可持续消费是个体进行的可持续消费行为，因此在研究时强调个体绿色消费认知和个体行为。第三种途径是变革性的替代消费，即可持续消费绩效的提升是可以跨越个体的，通过共享、协作的方式加强产品的服务能力，以提升可持续消费的绩效。减量消费是建立在社会足够的基础上的有意识地减少消费数量行为，往往也是对不同消费模式选择的结果，如已经进入了足够的阶段，有意识的个体减少消费规模或不进行消费，或者社会整体减少某种消费，如到达了私人出行路程高峰（Peak Car）之后私人汽车消费的缩减（Bastian et al.，2016）。后面两种途径是目前最主要的可持续消费改进方式，需要相应的生产和技术系统支持。

目前，提高消费绩效在实践中的矛盾在于：一方面重视的是提高生产领域中的技术效率，希望生产环节尽可能绿色化，生产的产品尽可能地和消费者需求有效对接；另一方面在消费端采用“一切照旧”的产品提供方式和个体式的消费循环模式。具体来看，目前采用了生产者高效生产、消费者绿色购买和末端回收的“改良型”的策略，使得消费绩效的实现在消费环节存在阶段性的断层。另外，有一种跨越个体循环的消费模式，是指从生活的圈子如个体、亲友之间（Belk，2010）扩展到与陌生人进行分享、交换、赠予、租赁、交易产品和服务的经济运行方式（Schor，2014）。与传统所提倡的绿色“改良型”消费不同，分享经济是基于商业和实践的消费转型（Bocken，2017），发生了生产和消费系统的整体转变。Grabs et al.（2016）认为分享经济所形成的并不完全是个人主导的绿色消费模式，而是集体和社会共同引导的合作型消费模式，应该加强个体层、集体层和社会层之间的互动，从而实现更高的消费绩效。

2.1.2.3　绩效经济理论

绩效经济理论以宏观的稳态经济理论为基础，向应用层进行衍生，虽然注意宏观层面的效果，但更加关注微观层面的应用和对具体生产和社会环境的分解和管理，具有理论层面的创新。Stahel（2008）认为要对经济社会进行资源管理和资产管理，引导消费者改变不可持续的消费行为，发展“不求拥有但求所用”的功能经济，并由此实现生态绩效更高经济范式（绩效经济，Performance Economy）。绩效理论从供给系统的角度说明了绩效发生的原因为技术创新、组织创新和资产管理，由此来颠覆传统工业经济的线性生产模式，以“正确地做正确的事”这样的方式来实现环境、经济和社会三方面的可持续目标。其中技术创新主要指开发新技术和获得新知识，促进收入、财富的增长和资源投入的脱钩；组织创新是指通过新型的商业模式，将社会和生产相连接，促进更多的资源循环，实现绩效责任延伸；资产管理指的是通过服务化和资产管理，在经济社会内部创造就业机会。

Stahel（2008）将可持续目标置于质量立方体之中，与生产效率、时间和预防机制耦合成为功能经济运作系统，以实现绩效目标。在不同的维度之间形成界面内的绩效（见图 2.3）。生产绩效不仅在生产环节要求提高技术效率，并且要求建立重视风险管理的预防机制，所包括的预防机制有废物处理机制、损耗控制机制、成本规模控制等，主要防范资源消耗规模的扩大；生产效率越高并在社会循环中持续时间越长，提供的服务就越多，创造的就业机会和社会功能就越大，管理绩效就越高；在一定的规模风险控制下，服务或者功能提供时间越长，销售绩效越大。通过对这三个方面进行绩效管理，在创造社会、经济收益的同时实现资源的相对较少的消耗，就可以提高系统的整体绩效。具体到质量立方体，即是提升生产效率和使用时间的同时控制可能的资源消耗和规模风险。

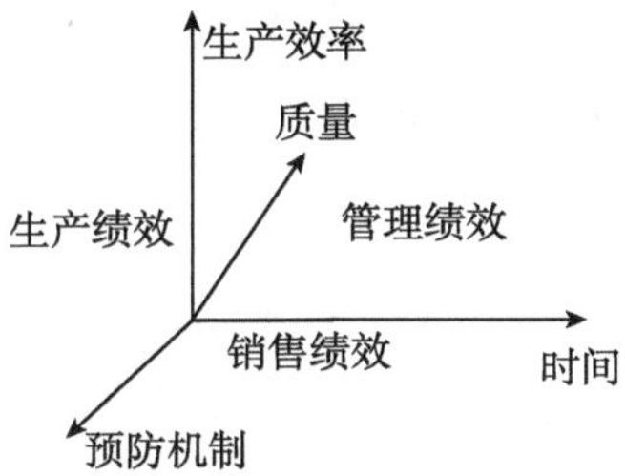

图 2.3　绩效经济的质量立方体（Stahel，2008）

因此，绩效理论对消费绩效提升的重点在于将生产和消费进行有效连接，在实践层面上提供了具体的操作和管理方法，如将生产效率、时间和预防机制进行耦合来提高消费绩效。然而它的实现必须要基于系统，如生产系统、消费系统或者生产和消费耦合的系统，是以建立具体实践为核心的绩效理论。

2.1.3　分享经济的公地理论

在对分享经济绩效实现的研究中，戎珂和王勇（2017）认为人人参与既是共享经济形成的条件，又是共享经济的结果。如果没有人参与或者很少人参与，就难以形成支撑共享经济存在的规模。而一旦共享经济达到一定规模后，累积循环效应会吸引越来越多的人参与其中。“人人参与”有两个含义，一个是人人参与供给，另一个是人人参与消费。共享经济模式下，商品和服务的供应者可以不是组织严密的厂商，而是许许多多分散的个体。像租房、租车等服务的提供，没有广泛的个体参与根本不可能达到便捷、及时、降低成本的效果，因此共享经济也是规模经济，以往分散的、微不足道的个体通过共享平台聚集到一起就会产生可观的经济效益和社会效益。即使共享经济的供给方是公司组织，也需要人人参与。

通过各种互联网技术和终端设备，分享经济允许将各种没有充分利用的资源放在分享系统或平台内，产生了从个体消费到跨越个体的共同消费的转变，从拥有型消费转变为使用型消费，由此获得消费绩效上的提升。分享经济的运作核心是基于互联网技术的高效连接，在系统内部实现按需分配，既合理调配又极大化利用闲置资源，这种新型资源的配置和使用方式改变了传统的社会经济系统的运作方式。但是，分享经济需要人人参与成为“产消者”而非“消费者”，如果单纯以供需对接来进行运作，将可能发展为“自由主义”式随意破坏的噩梦（Martin，2016）。总之，基于分享经济的消费模式降低市场行为的“约束门槛”，在系统内部形成“公地”。

公地，又称为公共池塘资源（Pool Commons），指的是同时具有非排他性和竞争性的物品。它既不同于纯粹的公益物品（不可排他，共同享用），也不同于可以排他、个人享用的私益物品，同时也有别于封闭的商业物品或者俱乐部物品。它是难以排他的，是一种人们共同使用整个资源系统但可以分别享用资源单位的公共资源。在这种资源环境中，理性的个人可能导致资源使用拥挤或者资源退化问题出现（Ostrom，1990）。在过去几十年的时间里，研究者对公地的概念产生了浓厚的兴趣，Hardin（1968）提出了“公地悲剧”的概念，他认为对于任何公共资源，由于个体独立行动和有限理性，总是试图将自己的利益最大化，倾向于根据自身利益行事，这必然导致公共资源被过分攫取，并最终导致整个群体和个人的次优结果。虽然与个人的短期利益一致，但群体内每一个人同时采取行动，影响了整个集团的长期利益，因此出现由于个人的利益而过度使用的公共资源问题。

在传统的情景中，公共池塘资源特指可再生、但是数量有限，并不能满足所有使用者消费需求的公共资源。Ostrom（1990）对公地管理的设计原则是基于本地化的自然资源公地实证研究所得到的，在其中用户依赖彼此，共同使用和管理公共池塘物品。而在现代分享经济的推动下，出现的大量的开放的商业分享系统成为“21 世纪新公地”（Lamberton and Rose，2012；Bradleya and Pargman，2017）。在具体的分享实践中，消费者通过低成本的、暂时的使用满足自己的需求。用户获得了相同的使用权，然而在使用过程中所为此付出的努力并不一样，也就是说，出现了部分用户拥有的权利超过了自己应该具有的权利，而对其他用户产生了资源过分占用的情况。这种“搭便车行为”如果任其发展，将会对整个系统产生极大的影响，提高了其他用户使用的风险和可能性，从而降低了消费绩效实现的能力。

实际上，共享物品很容易成为公共池塘资源而陷入“公地悲剧”。由此可以看出，社会困境问题存在于分享经济中，“个体理性会导致集体产出的不理性”，个人可以获得更多的个人利益而不是与整个系统配合，由此导致个人的机会主义行为（Dawes，2000）。这些不当行为会影响其他用户，导致分享商业模式很难有效运营，无法发挥其消费绩效的潜力。从经济学的产品分类角度出发，可将分享系统分为公共物品分享系统、俱乐部物品分享系统、开放的商业分享系统和封闭的商业分享系统（见表 2.2）。

表 2.2　分享系统的分类（Lamberton and Rose，2012）

类别	低排他	高排他
低竞争	**公共物品分享系统**：任何人都可以进入共享系统，基础物品一般是不会被消耗的。一个用户的消费不排除另一个人同时使用	**俱乐部物品分享系统**：对共享系统的访问仅限于具有一定地位、特征、与其他分享者有关系或进行高额捐赠的人。基础物品一般是不会被消耗的
高竞争	**开放的商业分享系统**：进入共享系统通常对任何可以支付入会费（与物品本身价值相比，费用很低）的人开放，但对谁可能参与的其他限制很少。一个用户使用共享商品的一个单位，使得另一个用户无法使用它	**封闭的商业分享系统**：对共享系统的访问仅限于具有一定地位、特征、与其他分享者有关系或进行高额捐赠的人。一个用户使用共享商品的一个单位，使得另一个用户无法使用它

2.1.4　分享经济的消费绩效理论基础总结

分享经济是基于稳态经济理论、绩效经济理论和 IPAT 理论发展出来的新型社会经济系统，旨在改变现有不可持续的消费行为和方式，提升消费绩效。同时，分享经济也面临着“公地悲剧”而威胁着它的可持续潜力。因此，完整的共享经济消费绩效理论体系应该包括稳态经济理论、IPAT 理论、绩效经济理论和公地理论（见图 2.4），其中稳态经济理论是理论核心和基础，IPAT

理论提供了分享经济跨越个体消费可持续能力提升的直接证据，绩效经济理论是基于稳态经济理论的系统化应用。同时，也可以看出稳态经济理论、绩效经济理论和 IPAT 理论主要论证的是基于共享的消费绩效提升的可能性，公地理论论证的是基于可能影响共享系统消费绩效实现的风险。即使前三个理论从理论方面支持消费绩效的提升，但是由于“公地问题”和“社会困境”系统风险的存在也可能导致整体消费系统的失败。因此通过分享经济要有效达到消费绩效提升，要根据分享经济的消费绩效理论基础的组成进行具体分析分享系统的消费绩效实现过程。

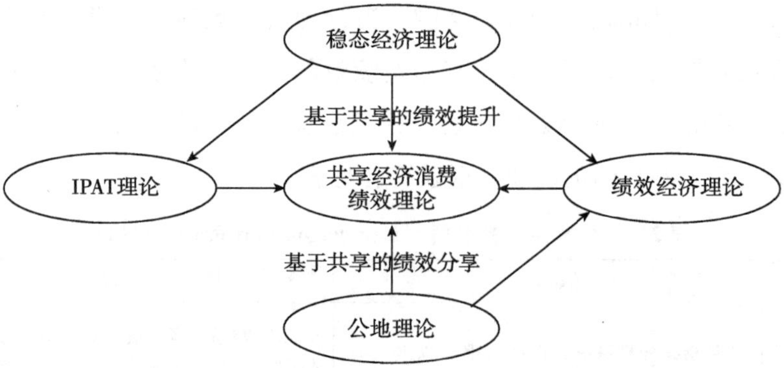

图 2.4　分享经济的消费绩效理论基础组成

然而，必须要注意的是，这些理论在探讨的是通过什么样的系统和组织方式来提升消费绩效，从系统转变的角度理解分享经济的理论基础，说明分享实践属于基于可持续消费绩效理论的商业社会应用。然而除了公地理论，其他理论缺乏对其他主体的互动研究，也缺乏对实现路径的机制分析，因此应该引入微观和宏观主体探讨与分享系统的互动作用和实现消费绩效机制。

2.2　国内外研究综述

分享经济在互联网技术和资本助力的支持下迅速发展，各学科也展开了对分享经济以及相关现象的研究。从整体上看，各种研究不尽成熟，多是各学科在自己专业理论视角下对分享经济下新现象的分析和解读。然而，经过上文的理论分析，分享经济究其根本，是基于跨越个体的方式提升消费绩效的社会经济系统，如何实现它提供的可持续机会是研究核心，将主体引入分享经济消费绩效理论，存在着影响该目标的实现的两个层面的三个问题：一是在微观层面，考虑到分享经济的“公地”性质，应如何定义其中的消费，才能正确表达分享经济所需要的个体消费行为，保证系统内消费绩效的可持续性？二是在微观层面，个体如何能够与分享系统相结合，实现消费模式的转变，达到替代原有消费的目的，保证更高消费绩效的分享系统可以替代拥有型或者高碳消费？三是在宏观层面，城市作为分享经济发展的背景和基础，分享经济认为自身可以在社会、经济和环境方面给城市提供更加可持续的解决方案，实现更高的消费绩效，那么城市与分享系统存在着什么样的关系？以下围绕这三个问题进行综述。

2.2.1 分享经济中消费概念的研究

Botsman and Rogers（2010）在 *What's mine is yours*（《我的就是你的》）一书中研究跨越个体的共享消费，认为个体之间的共同消费、资源共享和发展产品服务系统是实现强可持续消费的途径，并将其中的消费行为定义为协作消费。“协作消费”一词最初是由 Felson and Spaeth（1978）根据 Hawley（1950）的人类生态学理论创造的，将消费的协作形式描述为分享和相关消费的支持性活动。随着电子商务和网络社区的兴起，以及对于环境的进一步关注，现在协作消费已成为新的消费和交易形式，这些参与式的、个体导向的、非正式和商业的分享实践正在不断地扩大着原有的协作消费的边界，使之成为新的经济社会现象。

Felson and Spaeth（1978）所定义的协作消费是基于多人在同一时空中对物品或服务的消费使用行为，其内涵非常广泛，包含和朋友一起喝啤酒或者家庭共同使用洗衣机等非常琐碎的日常活动。而这样的定义并没有引起广泛的关注和形成深刻的经济社会影响，直到近十年以协作消费为主要特征的各种分享实践跨越熟人和个体的界限，将协作范围扩大到社区、城市甚至世界尺度，才真正意义上有了消费范式上的转型可能。然而对协作消费的定义开始出现了多种解释和类似的术语，如“使用型消费”（Access - based Consumption）（Bardhi and Eckhardt，2012）、“连接型消费”（Connected Consumption）（Schor and Fitzmaurice，2015）、“共享消费”（Shared Consumption）（Roos and Hahn，2017）、“流动消费”（Liquid Consumption）（Bardhi and Eckhardt，2017）等，各自在一定程度上说明和强调了当前互联网支持下协作消费的特征。协作消费及相关术语的定义与支持活动维度见表 2.3。

表 2.3　协作消费及相关术语的定义与支持活动维度

作者（出版年）	定义	互联网支持	线下	所有权交换	免费交易	支持 B2C 资源共享
Felson and Spaeth (1978)	在需要多个参与者的联合活动中，一个或更多的人共同消费物品或服务		√		√	
Botsman and Rogers (2010)	互联网和网络社区的支持下，进行的交换、分享、交易和租赁等活动	√	√	√	√	√
Bardhi and Eckhardt (2012)	由市场作为中介的使用型消费（Access - based Consumption），并不产生所有权的转移	√	√		√	√
Belk (2014)	人们协调获取和分配资源，由此可获得一定收入或者其他补偿	√				√
Schor and Fitzmaurice (2015)	基于获取、使用和再流通使用过的物品从而替代传统拥有的消费模式	√	√		√	√
Hamari et al. (2015)	通过网络社区服务，协调个体之间的活动，为了获取、给予或者分享物品和服务	√		√	√	
Roos and Hahn (2017)	通过消费者或者社群网络，借、租、赠送、交换和购买使用过的、共同的或者闲置的资源	√	√	√	√	√

从以上定义来看，2010 年以来对协作消费及相关术语的定义都要求协作消费中互联网平台的存在，认为其是跨越个体消费的技术支持；大部分强调了其中并不涉及所有权交换，部分文献认为二手交易或交换也是分享经济场域下的协作消费（如 Freegle）（Piscicelli et al.，2015；Martin and Upham，2016），对此的解释是虽然涉及所有权交换，但二手交换或交易并没有产生新

的资源消耗，也属于（跨越个体的）协作消费。

Botsman（2017）认为协作消费主张的价值为“协作”“赋权”“开放”和“人性化”，通过参与协作消费，每一个参与其中的人一定会为其他人创造价值，可能会形成社群和为其他人提供更多可能，从而有利于整个经济社会价值的增加，将个体参与者称为产消者（Prosumer）。Roos and Hahn（2017）明确提出协作消费重要的行为特征在于它们都涉及至少两个人共享资源的使用，从而导致在消费环节的重复活动（如获取、使用、再分配），需要消费者之间或者个体与基于共享的组织之间的某种程度的协作。Schor and Fitzmaurice（2015）将分享实践分为P2P和B2C的商业模式或分享系统，以支持陌生人之间和大范围的协作消费。这样的分类对于理解共享平台的组织逻辑、协作消费的运作方式和具体行为体现很有用，通过对比不同类型的商业模式中涉及协作消费行为的差别，可以区分为P2P和B2C分享系统内不同的协作消费行为。在当前以互联网技术支持为基本特征的分享经济中，P2P分享系统内的协作消费行为存在这样的一种三角关系：①服务提供者通过互联网平台营销、管理、连接个体提供的共享资源，并连接个体使用者，促进交换或者交易的形成；②个体提供者提供共享资源、设计报价、处理交易，根据平台的相关合约为个体使用者提供共享消费资源；③由个体使用者以免费或者付费的方式获取共享资源的使用权力（Wilhelms et al.，2017）。在B2C分享系统内的协作消费行为存在这样的一种三角关系：①服务提供者通过互联网平台营销、管理、连接自身提供的共享资源，并连接个体使用者，促进交换或者交易的形成，获得一定的租赁费（一般情况下）；②个体使用者获得共享资源的短期使用权限，根据使用情况付费（按量或者按时）；③共享资源直接从一个用户传递到下一个用户，其中不需要服务提供者的实际干涉（Schaefers et al.，2016；Lan et al.，2017）（见图2.5）。

在协作消费中，需要个体参与者成为使用者或者供给者，而使用者和供给者都可以扮演治理者的角色（见表2.4）。这样的个体功能和角色的分类，在不同的分享系统中发挥着不同的作用，因此Bardhi and Eckhardt（2012）将分享系统内的消费定义为使用型消费，将供给和治理行为作为涉入程度的行为，将其视为支持各种分享系统运行工作的基本组成要素。

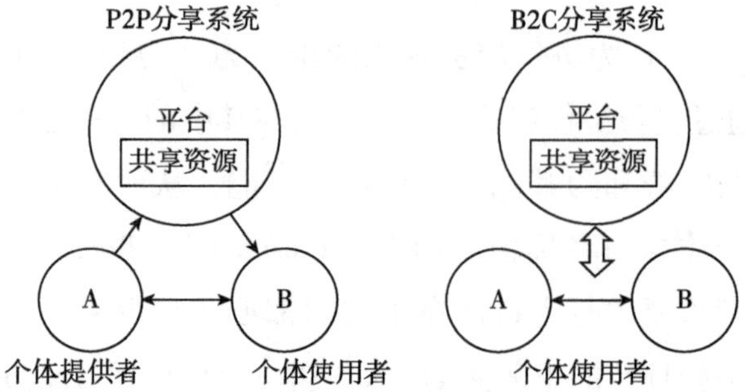

图 2.5 P2P 协作消费（左）与 B2C 协作消费（右）

表 2.4 协作消费中个体功能和角色

类别	消费行为	协作行为	
	使用者	供给者	治理者
功能	消费者寻找使用共享资源或服务，该资源或服务可被其他消费者直接提供，或者由其他组织提供	消费者提供一定的资源或服务，可直接向其他消费者提供或者通过中介机构非直接提供	消费者对资源或者服务进行评价和管理，以维持系统内部的秩序
行为	“使用”指的是免费或付费地获取共享资源的使用权	“供给”指的是免费或收费提供共享资源	“治理”包括评价和报告资源或服务质量和问题、维持社群或分享系统秩序等

2.2.2 微观视角下的个体消费行为研究

分享经济是基于稳态经济理论、绩效经济理论和 IPAT 理论发展出来的商业和社会实践，旨在改变现有不可持续的消费模式，因此被认为是可以减少物品使用的外部性，充分利用物品的使用价值，提高和改进现有社会经济消费绩效的新型系统（Botsman and Rogers，2010）。很多研究认为在分享经济中进行的消费会实现更高消费绩效（Martin，2016）。在这样的前提下，研究者对分享经济的消费行为，主要是在获取方式和供给方式方面开展了大量研究。

在获取方式上，所有权在过去很长的时间影响了消费者的消费观念和价值观，主导着社会、经济的发展。消费者行为理论并没有讨论具体的消费模式，但已有相关文献已经将以消费者行为理论为核心的理论模型，例如计划行为理论、技术接受模型（TAM）、技术接受和使用整合模型（UTAUT）等，从具体物品的消费延伸运用至用户对技术和服务采纳方面（Ajzen，1991；Venkatesh et al.，2003；Venkatesh et al.，2012）。最初对分享经济下的消费行为研究是基于这样的一种新的社会经济现象，并且一定程度上在获取资源方面打开了私人—公共物品的界限（Belk，2010）。因此这些文献首先考虑的是失去所有权后人们在分享系统内进行消费行为的促进因素。当消费者不再考虑拥有物品的固定成本时，他们开始估算采用各种可选择消费模式的真实成本，促使他们产生更加理性消费行为（夏凯旋，2007；Wirtz and Ehret，2009）。Lawson et al.（2016）将参与分享经济的消费人群分为易变者、优质守护者、有意识的物质主义者和变化寻找者，通过寻找促进因素，研究这些因素对人们态度形成以及分享行为发生方面不同权重的影响，如易变者的主要动机为经济意识，而变化寻找者主要偏重更多的选择可能。所有权的放弃也使消费者避免了拥有和维护的麻烦。部分研究者深入探索拥有物品的负担对消费模式选择的影响，Moeller and Wittkowski（2010）认为影响消费者使用型消费的因素有所有权的重要性、方便和流行趋势两方面，而价格意识、体验、环保主义等因素的影响并不显著；Lamberton and Rose（2012）构建了消费者选择参与共享项目的可能性模型，效用、成本、稀缺性风险认知感知、选择替代感知和项目熟悉度分别影响消费者参与共享的可能性；Schaefers et al.（2016）使用消费者风险感知模型，提出所有权带来的财务风险、绩效风险、社交风险会正向影响人们对使用型消费的选用。进而，物品的使用权和拥有权会产生不同的物我关系，拥有权可以与外部建立起明晰的边界。Akbar et al.（2016）较为完整地验证了物质消费主义所形成的态度对人们进行分享经济消费行为的影响，消费者对所有权的痴迷和物品本身的独特性直接或间接地影响了使用型消费的选择。另外，基于社会实践理论和价值观理论，Piscicelli et al.（2015）和 Martin and Upham（2015）将分享经济中的消费和分享行为归结为生活方式的变化，对参与人群和一般社会人群的价值观进行对比。

近几年，研究者开始关注分享经济中消费的协作特征和不同商业应用的具体特点，并对其进行研究。Böckera and Meelen（2017）从使用和协作两个方面研究了 P2P 汽车共享、工具共享、房屋共享和食物共享，在社会交往、经济需求和环境方面研究了人们在不同的分享实践中的动机特征；Habibi et al.（2016）将不同的分享实践分别位于纯分享和商业交换的位置上，来研究人们参与不同分享实践的动机特征。相对于发达国家的 P2P 分享经济消费研究，相对地，以发展中国家为背景的研究和 B2C 分享商业模式的研究明显滞后。Lan et al.（2017）以摩拜为研究案例，比较明确地提出了 B2C 商业模式中也存在协作消费行为，围绕可持续价值共创对其影响机制进行了理论和实证上的研究。

2.2.3 宏观视角下城市与分享经济的关系研究

虽然分享经济系统主要改变的是社会经济中的消费系统，然而必须要注意到，城市是分享经济实践的重要背景和基础，它影响着分享经济如何实现其功能和作用。城市中新的分享商业模式或者商业生态的出现都需要基于一定的经济、社会和环境的背景（Ma et al.，2018）。城市和分享经济之间相互影响和进化，由此产生不同的消费绩效结果。各种分享经济实践作为社会经济、信息通信技术（ICT）、城市化和环境压力快速发展的背景下共同作用的商业和社会创新，要将其嵌入到具体社会经济背景下提供更高的消费绩效解决方案，因此需要考虑城市与分享经济的互动关系。Cohen and Kietzmann（2014）比较早地对城市和分享商业的关系进行了研究，他们通过对分享交通商业模式的梳理，指出这些商业模式与那些挣扎在"城市病"中的大城市特别地匹配，同时指出分享商业模式作为城市可持续发展的代理人（Agents），与地方政府（Principals）之间存在着达到交通可持续的共同目标。进而，Cohen and Muñoz（2016）将城市中的各种分享实践按照消费和生产、公共和私人使用进行二维矩阵分类，研究了城市中不同分享实践的具体特征，但缺乏这些商业模式与城市之间互动的讨论。Ma et al.（2018）借鉴可持续转型理论，强调了城市背景研究，将城市的可持续发展需求定义为分享商业实践发展的重要约束和支持性指标，将城市可持续发展需求的背景分为物理约束、知识约束和社会经济关系，提出了分享商业模式与城市之间的进化机制。

目前对研究城市与分享系统之间的关系的研究分为两条思路：一个是城市如何对分享经济进行治理，即"堵"思路；另一个是城市如何对分享经济进行促进，即"疏"思路。"堵"思路认为分享经济会破坏现有的制度体系，引起发展上面的失控，同时，很多由资本驱动的分享实践开始逐利，仅将“分享实践支持可持续发展”作为与政府谈判的筹码和游说消费者的说辞。一些研究者认为这些分享实践并非真的为了实现更高的消费绩效，而是在推行“平台资本主义”（Platform Capitalism），在破坏现有的社会资本，应该对其严加治理和控制（Srnicek，2017；Ravenelle，2017；Schor，2017；Frenken and Schor, 2017）。“疏”思路在于研究如何在新的社会商业系统的影响下，转变利益相关主体间的关系，相互之间如何提供支持，以达到在宏观层面实现更高的消费绩效，进行价值共创（Lan et al.，2017）。Zvolska et al.（2018）指出，在宏观层面上城市是分享经济的消费者，它与具体的分享实践共同建设更加可持续的社会经济系统，同时它还需要成为治理者、供给者和支持者以维持和控制发展路径（见图2.6）。Ma et al.（2018）也认为分享经济中利益相关者之间的关系变化可以更好地实现城市的可持续发展目标，提出政府—社会—分享系统之间的角色模型。分享经济不仅仅是在个体微观层面的变化，更是在宏观层面上城市如何与分享系统协同合作达到可持续目标的。McLaren and Agyeman（2015）提出了更加系统化的分享城市的概念，认为城市发展的未来就是以分享为基础的，因此分享经济城市之间存在着相互支持的关系。孙守恒和王维才（2017）基于因子分析对中国的城市发展汽车共乘（Ride - sharing）的环境进行了评价，量化了不同城市与汽车共乘之间的契合关系，指出分享实践和城市之间存在的协同关系。

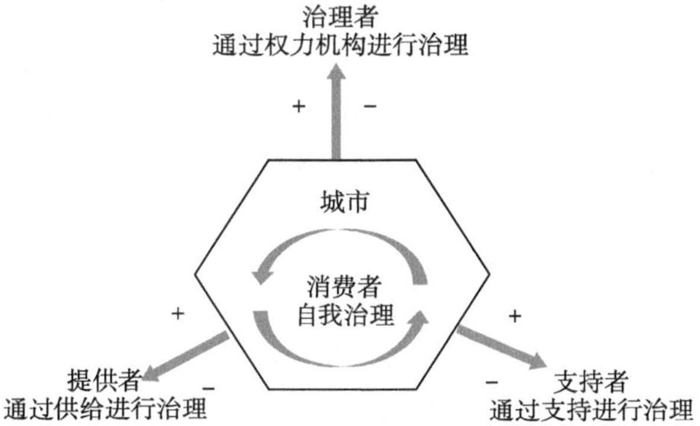

图2.6　城市在分享经济中的角色（Zvolska et al.，2018）

2.2.4 研究述评

虽然基于互联网的分享经济从2008年才开始出现（以Uber和Airbnb为代表），相应的理论和实证研究也都是在最近几年才发表的，但是已有文献还是对分享经济做了大量研究，建立了有价值的研究基础。将本章第一部分的理论基础和目前的研究现状进行归纳，围绕更可持续消费绩效实现的目标，发现在当前的研究中存在以下问题。

（1）经过对现有相关文献的梳理，在微观层面，大量的文献对分享经济的消费模式进行了定义，并对消费者参与动机、主体间关系及其行为进行了大量的研究，然而大部分研究是基于概念研究概念，基于行为研究行为的，概念和行为之间在研究的时候缺乏足够的联系，没有很好地将分享经济的消费模式和消费行为进行结合。

（2）缺乏对其中的消费绩效提升的基本原理的重视。由于仅仅考虑个体对分享系统的接纳，导致在研究的时候缺乏对拥有型消费和高碳消费系统替代作用的思考，也没有指出分享经济实现更高消费绩效的作用机制。

（3）由于分享经济在理论基础方面没有和城市发展理论结合，导致分享经济在城市中发展分享实践没有相应的理论指导，出现了不同程度的城市乱象和不可持续的结果。近期的研究开始关注城市与分享实践的关系，但是必须要意识到，城市发展分享经济的基本需求是实现消费绩效的提升，而并不是为了分享而分享，因此不管是采取“堵”思路还是采取“疏”思路，一定要和具体的城市背景和需求相结合。

由于在实践中，分享经济涉及个体、分享系统和城市之间的关系，这些行动者相互交织在一起，共同影响分享经济可持续消费绩效的实现。Cheng（2016）认为必须要打通微观—中观—宏观的联系，才能实现更彻底、更可持续的消费绩效，更好地理解分享经济。然而，现有的这些研究文献虽然对相应的理论点都有涉及，但缺乏系统和成体系的分析和理论框架，问题点无法连接成体系。Lamberton（2016）试图通过统一的结果目标研究框架（Goal - based Framework）将不同种类的分享系统进行整合，然而由于分类过于烦琐，失去了一定的通用性。因此，需要新的研究方法和模型，将微观和宏观层面与提升消费绩效的相关问题综合在一起进行研究。

2.3 本章小结

本章主要对分享经济下的消费绩效理论基础研究和相关的应用研究做了梳理。首先，综述了分享经济存在的理论基础，基于稳态经济理论、绩效经济理论、IPAT 理论支持消费绩效提升，而分享系统的“公地”性质对消费绩效实现阻碍作用则缺乏讨论。其次，对分享经济的消费概念应用进行了综述，并从微观视角下的个体消费行为研究和宏观视角下城市与分享经济关系研究中找到了相应的理论缺口。

第3章

汽车共享消费绩效分析框架和模型构建

在第2章的相关研究综述中，较为详细地分析了本书的理论基础，认为分享经济是基于消费绩效理论建立起来的社会经济系统。根据已有的研究发现，分享系统本身具有的“公地”性质，是影响分享经济的消费绩效实现的重要因素。同时，目前缺乏具体的研究方法和模型去考察分享经济的消费绩效实现的问题。基于此，本章提出以汽车共享为例的消费绩效实现的研究方法，并构建相应的理论模型和假说。

3.1 分享经济消费绩效的研究方法

3.1.1 DPSIR 分析框架

目前对于分享经济中消费绩效实现方面的研究有两种思路：结果导向和过程导向。由于数据获取和计算方面的困难，很少看到以结果导向进行分享经济可持续消费绩效的分析和研究的高质量论文。分享经济是实现经济社会与环境影响脱钩发展的微观思路，为实现可持续消费转型提供重要实践和应用场域及机遇，特别是各种基于分享的商业模式具有引导消费往更加可持续方向转型的可能性。但是，可持续发展和更高消费绩效的实现从来不是一蹴而就的，2012年联合国《全球可持续发展报告》指出：“可持续发展不是结果，而是一个动态的适应、学习和行动的过程。它是关于相互联系的认识、理解和行动。”（UNGSP，2012）。因此，应该使用面向过程的方法对可持续消费绩效进行评估和改进，通过不断调整和改进社会经济的各种关系和行为来实现（Rauschmayer and Omann，2012）。

PSR（压力—状态—反应）分析框架最早由 Rapport and Friend（1979）提出，之后被 OECD（Organization for Economic Cooperation and Development，经济合作与发展组织）发展为系统分析环境状态、自然资源或者生态可持续发展的分析机制，基于因果关系动态研究的分析思路。PSR 模型根据人类经济社会活动给自然资源带来的压力（Pressure），导致的变化或者环境状况（State）以说明压力的结果，反应（Response）指的是引发社会对压力和环境状况的反应。除此之外，该模型还包括 DSR（驱动力—状态—反应）和 DP-SIR（驱动力—压力—状态—影响—反应）两个变形。这三个模型具有相似的逻辑基础，可根据分析情景的具体情况进行选择。

具体来看，DPSIR（Driving force – Pressure – State – Impact – Response）作为比 PSR 更加详细的分析框架，由于多了驱动力和影响两个组件，曾被欧洲环境署（EEA）作为构建社会与环境影响交互结构的信息交流工具，广泛用于政策目标相关的系统指标和统计建设。它建立在系统中的各部分组件之间存在着因果关系的基础上：驱动力导致压力发生、改变状态，从而引发在社会或者环境中的影响，导致反应发生。诸大建（2016）将其作为可持续科学 2.0 版的动态分析方法，跨越了仅将其作为指标挖掘的工具范畴，进一步地用来分析可持续发展和不断改进的过程，用来解释可持续发展中“来源是什么，压力是什么，现在的状况是什么，出现了什么样的影响以及我们将如何应对”问题，从而给出系统性的诊断和分析，在理论探讨与政策变革相结合的基础上推动可持续转型与政策创新，有助于给研究者、政策制定者和利益相关者简单、具体而有逻辑的行动指导（Gabrielsen and Bosch，2003）。尽管逻辑简单，但是该模型不能直接解决问题，需要根据特定的情景进行定义和批判性地应用，这也增加了它的灵活性。它主要是建立了一种方法论，帮助将复杂的问题转化为系统的过程分析问题，非常适合将分享经济的消费绩效实现和提升问题放入到该过程分析框架中。

在反应分析中，对策包括针对状态的应急性对策（S – R）和压力的根本性对策（P – R），从可持续发展角度来看，研究问题和解决问题要强调标本兼治和全过程思考，因此这两条路径具有相互影响作用和实现顺序：一方面，要有应急性的对策，应急性的对策有缓解显性矛盾的作用；另一方面，应急性对策只是显性问题的暂时解决，必须要有根本性的问题解决对策，以此来实现问题的根本解决。应该注意到的是，应急性的对策在面对创新性转型的问题时会采用激进或者停滞甚至倒退的方式，不一定会进入到问题的根本中，需要利益相关者合作对话，以抓住根本问题，通过前后往复的、动态的、迭代的解决过程来达到更加可持续的状态。

3.1.2 DPSIR 分析框架在汽车共享中的应用

分享经济中，消费绩效的实现一般要基于一定的社会或者地区的宏观背景，是针对现存的某种社会问题（Lan et al.，2017），或者是基于对某种需求的回应（Böcker and Meelen，2017），因此具体的分享系统的发展需要一定的驱动力/需求的宏观背景。本书假设在宏观层面的驱动力是区域或城市的可持续发展需求，包括在经济—环境—社会不同维度的要求（驱动力分析）。由于从理论上共享系统本身是具有可持续潜力的，这与区域或城市发展目标相一致，区域或城市将有动力来发展分享经济，而具体的分享商业也会在驱动力大的区域或城市出现。进而分享经济供给系统、政策制度和个体需求形成了压力（压力分析），系统性地促进具体的个体消费行为的变化（状态分析），从而发生了共享系统和个体的绩效影响（影响分析），特别是对比共享系统和拥有型消费系统之间的绩效变化，发现可能的问题，由此提出提高绩效的对策（反应分析）。这样的研究方法改变了原来散碎的、分割的研究路径，更加清楚地将发生不同阶段的情况全方位地、过程式地展现出来，有利于系统化的研究和找到绩效改进的对策。

汽车共享是分享经济中典型的 B2C 分享应用案例，也是目前世界上主流的分享商业实践之一。汽车共享在可持续交通消费方面有着天然的优势，特别是在中国以电动汽车共享的方式在城市中进行推广，并作为低碳交通形态被政府所支持。不管是在单个产品的能源消耗上（本书主要指在城市范围，不涉及整个生命周期），还是在社会整体能源消耗上，其具有提高现有交通消费绩效的潜力。以汽车共享作为研究对象，本书提出基于 DPSIR 的汽车共享消费绩效研究分析框架（见图 3.1）。在该框架中，驱动力来源于城市的可持续发展需求，来自经济、环境和社会方面。中国在经历了 30 余年的高速经济发展之后，认识到了可持续发展的重要性，但是又面临着城市化的巨大压力。从“十一五”时期开始，低碳发展已成为中国的国家战略，这为各种具有可持续潜力的商业实践提供了发展平台和机会，其中包括了汽车共享及其他低碳实践。城市依托这些可能带来更高消费绩效的可推广的商业应用，大量的社会需求也需要寻找可靠有效的供给。驱动力推动压力，本书将汽车共享系统作为压力来源，因为虽然有驱动力的存在，但是这些需求是否可以得到合适的满足，需要渠道或者供给系统提供。压力改变状态，这里的状态指的是个体对汽车共享系统的认知和行为，表明在新的消费系统的压力下，人们是否会改变现有的消费路径。继而是影响，影响为个体和汽车共享系统之间的互动和城市与汽车共享系统之间的互动，是否可以达到良性互动。反应为对改进个体消费行为和实现城市目标的政策，由此可以动态地改进现有的状态，不断地提高汽车共享系统下的消费绩效，达到更高的可持续效果。在状态中，将个体消费的具体作用机制进行了详细分解，在本书后面部分将进行详细说明。

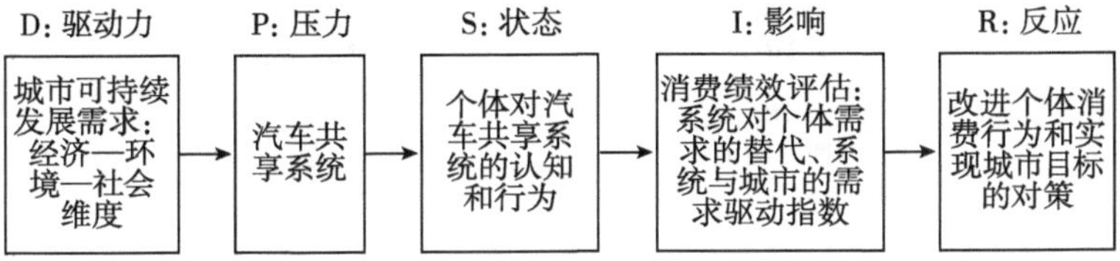

图 3.1　基于 DPSIR 的汽车共享消费绩效研究分析框架

基于 DPSIR 的过程分析框架，可以很好地将目前分享经济绩效研究的碎片连接起来，并且提供了新的研究空间：一方面是消费者行为本身对消费绩效的影响，另一方面是城市需求或者城市在目前禀赋状态下对于汽车共享系统绩效提升的影响。共享消费绩效提升能力的困境在于：一是个体替代性选择问题，二是宏观需求驱动力方面的问题。

3.2　汽车共享消费绩效实现的机制及研究假设

本章的第一部分提出了基于 DPSIR 的汽车共享消费绩效研究分析框架，认为汽车共享消费绩效的实现需要城市需求驱动力的推动和个体的认知变化和行为变化来驱动。本部分根据已有研究，提出汽车共享绩效实现的相关机制及研究假设。

3.2.1 微观视角下汽车共享消费绩效实现的替代机制及研究假设

共享系统颠覆了传统的供给和拥有型消费方式，由此可以产生新的消费绩效（见图3.2）。实现传统的、低效的消费绩效供给系统的有效替代，首先需要研究的重点是如何在微观层面上实现。汽车共享消费绩效的实现，首先在于个体是否接纳和产生对旧系统和消费方式的替代认知，这在很大程度上是个体自主决策过程的结果，因而研究汽车共享在微观视角下消费绩效实现替代的机制实际上是研究个体消费行为。微观视角下，存在经济学和社会心理学对个体行为的解释。新古典经济学中，假定个体在资源限制下进行经济理性选择，从追求效用最大化的角度来解释个体行为；社会心理学理论旨在了解人们的认知、情感和行为是如何受实际的、想象的或潜在的他人存在影响的（刘文玲和 Spaargaren，2017）。

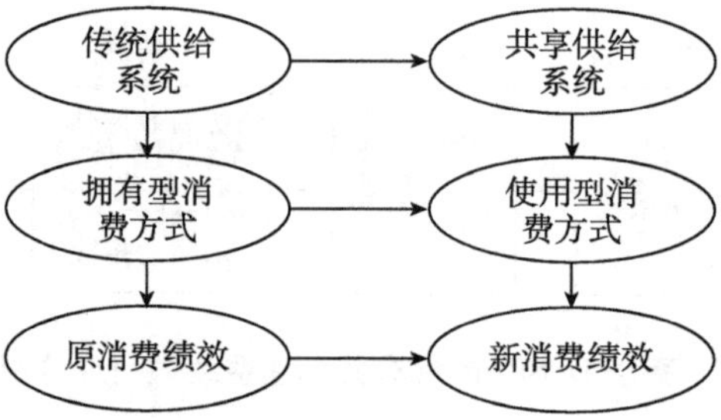

图3.2　不同供给系统对消费方式和消费绩效的影响

消费者行为模型提供了描述和预测个体行为的理论框架，包括心理上的个人内部（如态度、价值观和个人规范）和外部的一些约束和激励（如社会规范、财政和监管激励），显示了影响因素（自变量和因变量）之间的关系，各种分析模型不断结合经济学和心理学理论来改进约束条件，基于不同的概念前提和假设集合进行调整，使之更加符合影响个体的消费行为的作用模型要求。一般地，人们发生消费的原因在于需求是否可以被满足，并由此产生福利。假设需求满足的衡量手段 $U=U(P, P1, P2, \cdots, m)$，其中 U 为总效用，P 为产品或服务价格，$P1$，$P2$，…为其他产品或服务价格，m 为个体收入。消费

行为就是在收入 m 的限制下，尽可能地增加 U，并减少由此付出的成本 C，消费行为是为了追求需求满足的最大化，以提升个体的福利。因此设需求满足的最大化为 max（$U-C$），$V=U-C$，V 表示需求满足的净效用或者净价值，用于进行系统 A 与系统 B 之间的需求满足的对比，假设 $V=V$（V_A，V_B，…，V_N），V_A表示系统 A 对个体需求在不同维度的效用满足。价值创造是被视为传递某种组织或者系统使命和目标的重要部分，个体对系统的认知价值用于评估传递效果，是理解人们行为的重要概念之一（Ostrom and Iacobucci，1995），常用于营销、绿色消费和环境行为等领域。一般来说，消费者购买的不是东西或者服务，而是他们的期望，因此消费者希望在交易过程中实现一定的顾客价值。因此，对于系统价值的认知可以在一定程度上促进人们产生消费行为和消费替代。

结合第 2 章讨论的分享经济消费绩效理论，在分享经济提供消费绩效提升、带来价值的同时，还存在着“公地悲剧”的风险。现有大部分研究主要是根据汽车共享消费与传统消费相比所带来的价值增加来判断参与相应消费行为的影响因素（Cheng，2016），一定程度上忽略了分享系统本身的性质和内部所存在的紧张和矛盾所给人们带来的风险认知（Lamberton and Rose，2012）。作为一种新型的供给和消费模式，人们在不同的实践中会对具体情境进行分析，不仅评估价值还会评估风险。因此，本书认为既应该承认价值动机的根本作用，也应该承认这种供给和消费模式存在的风险会对人们消费行为及其替代消费产生负面影响。

除此之外，应考虑个体的客观特征对于替代机制的影响。就汽车共享来说，可将其分为个体客观特征和制度技术特征。个体客观特征指的是年龄、性别、收入、婚姻、是否有孩子等，属于个体客观属性。由于个体面对的诉求不一样，对应的消费要求不一样，特别是在改变消费模式的引入阶段，需要和已有的消费对比、切断，建立新的联系（Piscicelli，2015），所以在研究时应考虑个体客观特征对新的消费模式替代机制的影响。制度技术特征指的是政府公共政策、企业营销政策、供给基础设施等（王建明和李颖灏，2012）。具体来看，政府公共政策包括城市限购/限行政策、补贴或城市公共资源支持政策，企业营销政策包括价格和宣传力度，供给基础设施包括整体的网点布局、车辆数量、停车位和充电桩。由于制度技术特征很难进行客观量化，它对个体的作用往往是建立在主观认知的基础上的，本书主要考虑个体客观特征，并认为其对替代机制具有影响作用。

综上所述，本书提出微观视角下汽车共享消费绩效实现的替代机制及研究假设 Ha：

在实现消费绩效的微观层面，传统供给系统和汽车共享系统之间存在着替代关系，个体对汽车共享系统的价值认知将促进对其的消费和替代，对汽车共享系统的“公地”风险认知将阻碍对其的消费和替代。个体客观特征对以上关系具有调节作用。

3.2.2 宏观视角下汽车共享消费绩效实现的驱动机制及研究假设

城市是各种社会商业实践展开的空间，社会商业实践亦为城市提供了发展的可能路径。城市和分享系统之间存在相互作用的关系。Zvolska et al.（2018）指出，城市作为具体分享服务的消费者、供给者、治理者和支持者 4 种角色与分享经济进行互动，其中最为核心的互动基础是相互的需求。在此基础上，城市（以政府为代理人）作为共同的供给者、治理者和支持者，结合城市的发展需求，可以和不同的分享系统产生互动并在其中担任不同的角色。然而对城市和分享经济之间的驱动机制的探讨目前还是欠缺的，即城市为什么与汽车共享进行结合，城市产生了什么样的驱动力会有意愿和汽车共享进行互动。Ma et al.（2018）认为城市的可持续发展目标为分享商业模式提供了机会，不同的分享系统与城市产生共同进化和协同作用，其中城市的可持续发展目标是分享系统出现和进化的重要驱动力量。

三重底线的概念由 Elkington（2004）提出，它包含了可持续发展的三个基本要素——社会效益、经济效益和环境效益，被认为是评价事物是否具有可持续发展能力的理论框架，最初用于评估和衡量企业可持续发展能力，后来也用于衡量城市可持续发展能力（Ma et al.，2018）。三重底线的组成部分可以分开，也可以进行融合，但是最终可持续发展的实现是与“社会—经济—环境”系统具有全面的关联而非只注重一个方面，其实现的路径可以是通过一个方面而撬动其他方面（曹莉萍和诸大建，2016）。根据本书第 2 章对分享经济的消费绩效理论基础的综述，本节认为汽车共享在城市空间内运行时，在三重底线方面具有实现微观消费绩效和宏观消费绩效的潜力。同时，汽车共享基于微观的替代机制可以实现更高的消费绩效，与城市的可持续发展需求产生呼应。

因此，以可持续发展为目标和实现更高的消费绩效是城市和分享经济产生互动关系的重要驱动力量。中国经济经过 30 余年的高速发展，自“十一五”规划以来，低碳和社会福利发展已成为中国的国家战略。与此同时，城市作为具体的践行者，承担着人口转移和社会、经济、环境发展的压力，也正在经历可持续发展道路的探索。分享经济的出现正是为了解决当前出现的各种社会、经济和环境方面的问题（Lan et al.，2017），汽车共享是通过解决人们需求和供给不匹配的矛盾来实现其他可持续方面的目标的，因此它通过社会需求满足来带动和实现其他方面的目标。

综上，本书提出宏观视角下汽车共享消费绩效实现的城市驱动机制及研究假设 Hb：

在实现消费绩效的宏观层面，城市和汽车共享之间存在着互动关系，城市的经济、社会和环境的发展需求是汽车共享发展的驱动力。

3.2.3 汽车共享系统下消费绩效实现的模型构建

结合上述的研究方法和研究假设，本书构建汽车共享系统下消费绩效实现基于过程的可持续科学研究框架。将个体置于汽车共享的具体情境之内，观察前置变量和后置变量的动态可能性，研究消费绩效实现的影响因素和过程，同时考虑城市与汽车共享系统之间的互动关系，建立了待验证的假设（见表 3.1）。

表 3.1 汽车共享消费绩效实现机制假设

机制说明	假设编号	假设内容
微观视角下汽车共享消费绩效实现的替代机制	Ha	在实现汽车共享消费绩效的微观层面，传统供给系统和汽车共享系统之间存在着替代关系，个体对汽车共享系统的价值认知将促进对其的消费和替代，对汽车共享系统的“公地”风险认知将阻碍对其的消费和替代。个体客观特征对以上关系具有调节作用
宏观视角下汽车共享消费绩效实现的城市驱动机制	Hb	在实现汽车共享消费绩效的宏观层面，城市和汽车共享系统之间存在着互动关系，城市的经济、社会和环境的发展需求是汽车共享发展的驱动力

本书提出共享汽车系统下消费绩效实现的理论模型（见图3.3），其中包含了两个路径机制：一是在微观层面的消费替代机制（Ha），二是在宏观层面的城市可持续发展目标与汽车共享的驱动机制（Hb）。首先，考虑个体和汽车共享系统的互动关系，在新的供给系统影响下，个体会重新思考可能的新的消费行为。本书根据个体层面下消费绩效实现的过程，建立汽车共享消费行为和替代消费行为的逻辑和作用机制，认为替代消费是消费绩效实现的重要测量结果，在系统消费行为形成的基础上引入前置因素的系统价值认知和风险认知、控制变量（个体客观特征）以及后置结果替代消费，研究在个体和汽车共享系统互动层面上如何支持消费绩效的提升。进一步地，考虑城市与汽车共享系统之间的互动关系，在新的社会商业机会的影响下，给城市提供新的可持续发展路径。由于汽车共享系统要建立在具体的城市空间之中，本书引入城市在经济、社会和环境方面的发展现实，通过分析城市和汽车共享在供给和需求方面的互动关系，结合城市具体发展情况，实现宏观层面的消费绩效提升。在汽车共享绩效实现机制中，个体是最为活跃和重要的实现主体，在微观层面的替代机制是其他主体可以行动的基础，在宏观层面的驱动机制是优化消费绩效的保障。

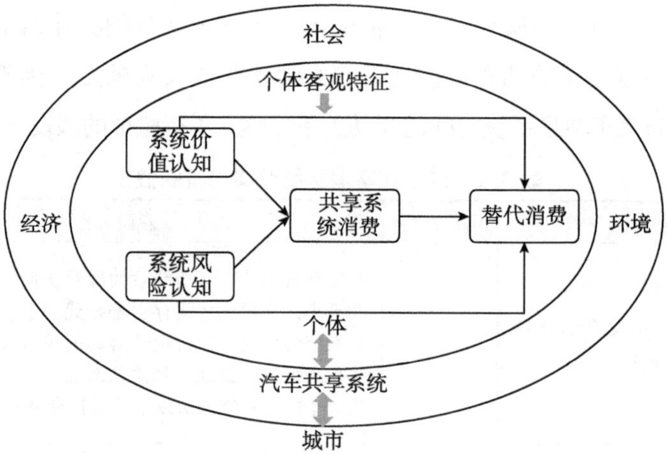

图3.3　汽车共享系统下消费绩效实现的理论模型

3.3 本书的前提假设和数据说明

3.3.1 本书的前提假设

一般来说，人们做选择的过程实际上就是对多种选择结果进行估价的过程（Tversky and Kahneman，1984）。当将新的生活方式或者消费模式放置于消费者面前选择时，他们往往要进行价值（得失）和风险的评估，判断其是否会对现有消费绩效实现有效提升，如果有，则选择；如果没有，则放弃。然而在市场中个人有限理性和根本性不确定的条件下，需要综合利用分享系统中分散的信息。Martin（2017）将人们的价值追求分为了经济、社会和环境三大维度，其中每个大维度下包含若干个小维度，如个体在追求经济价值的同时还会在生态、社会方面要求新的供给并需要消费系统给予价值认同和回馈，对不同的价值维度进行审慎的价值判断和行为选择，这类人群在经济意义上属于有限理性人（夏凯旋，2007）。本书将研究的人群定义为有限理性的个体，以理解个体在汽车共享影响下的消费行为及替代消费行为。

3.3.2 本书的数据说明

3.3.2.1 个体与汽车共享系统互动研究的数据说明

本书关于个体与汽车共享系统互动的研究是基于 2017 年在上海进行的汽车共享调查，分别进行了三次调查：第一次是基于半结构化的访谈，通过对 16 位汽车共享用户进行访谈，获得这些用户参与动机和个人基本信息，访谈发生时间为 2017 年 6 月，每次持续约 30 分钟，并对访谈内容进行了录音和文本转录。第二次是小样本的初步调查，小样本问卷收集于 2017 年 7—8 月在上海市开展，随机选择上海市嘉定区安亭商业区、同济大学（杨浦区）、虹桥机场和火车站的汽车共享点附近社区和人群进行问卷的发放，发放之前确保调查对象了解汽车共享服务的概念，并且具备驾驶能力。第二次调查共发放问卷 200 份，回收有效问卷 158 份，有效回收率为 79%。第三次是大样本调查，问卷收集于 2017 年 11 月，采用网络调查问卷的方式，最终网络访问次数为 1826 次，获得 918 份提交问卷，删除答题时间低于 100 秒、非上海地区答卷和题项选择单一的问卷，并进一步删除问题前后不一致问卷后，得到有效问卷602份，问卷回收率为32.97%。

选择上海作为个体与汽车共享系统互动研究的城市主要有两个原因：第一，上海是中国分享经济的领跑者，在商业实践、政府支持和治理方面都处于全国领先位置。2016年，上海市交通委、经信委发布《关于本市促进新能源汽车分时租赁业发展的指导意见》，其汽车共享在政府的推动下有序发展，上海国际汽车城（集团）有限公司和上海汽车集团股份有限公司于2016年合并成立了EVCARD，已逐步在上海市建成国内领先的基于互联网移动终端、无人值守与多点借还的电动汽车分时租赁网络。截至2017年底，上海市有超过2000个汽车共享网点，约8000辆共享电动汽车。这增加了在一般人群中汽车共享的知识基础，是研究新现象所需要的背景环境。第二，上海市在中长期发展计划《上海2035》中强调建设全球化城市，注重可持续目标并积极探索发展新模式。上海市具有丰富的人口多样性，这样的背景条件有利于本书的开展，可以更好地探索汽车共享系统实现消费绩效的过程和影响。

3.3.2.2 城市与汽车共享系统互动研究的数据说明

根据过程分析框架，本书进一步将绩效分析扩展到了城市的范围，此部分的数据来自2016年《中国统计年鉴》和《中国城市统计年鉴》、2016年各省市的统计年鉴、各地区的国民经济和社会发展统计公报、地区政府工作报告和《2016年中国366个城市PM2.5浓度排名》。在权重估计部分对18位相关领域专家进行访谈，邀请他们为汽车共享城市驱动力评价系统的各层级指标打分（问卷参看本书附录）。这些受邀专家来自不同的相关领域，涵盖高校、政府、企业，是汽车共享和城市研究、规划、管理等方面的专家和直接参与者，其中8位为分享经济领域或者城市可持续发展研究领域的学者，5位为政府相关部门和政府智库专家，5位为汽车共享的业内人士。

3.4 本章小结

本章基于分享经济消费绩效实现的核心理论，结合主体之间的互动关系，提出分享经济实现消费绩效提升的重点在于两个层次：一是在微观层面替代拥有性消费系统，二是在宏观层面城市形成与汽车共享共同发展的驱动机制。本章以 B2C 汽车共享为研究对象，建立了基于过程的分享经济消费绩效实现理论模型，分别从个体与分享系统的互动关系和城市与分享系统的互动关系对消费绩效的提升机制提出相关假设，并通过 DPSIR 分析框架将主体之间的关系有机地联系在一起。

第4章

汽车共享替代机制的因子分析

随着互（物）联网技术和新能源汽车技术的发展、资本关注以及各种分享实践的普及，汽车共享开始从小规模的实验向更大范围拓展，甚至传统的大型汽车生产厂商也进入了这个市场，提供汽车共享服务。目前，汽车共享已成为分享经济的典型商业实践，新兴和传统企业建立起以使用为导向的汽车共享服务系统，由销售实物产品转型为提供服务，消费者通过租赁临时使用产品而非购买产品。同时，开始采纳电动汽车的汽车共享以及它可能带来的私人汽车数量和使用的下降，被认为是更加可持续的交通实践，并由此引起了更加丰富和多维的价值驱动，带来了更深层次的消费和经济社会的转型。作为一种新型的城市交通方式，汽车共享给消费者提供了暂时的使用权，以较低的成本获取汽车的使用权，因此可以在获得私人汽车的好处的同时不需要负担相应拥有权的费用。与此同时，消费者还承担着相应的系统风险，共同的集约化使用增加了可持续方面的价值，也带来了风险挑战。在行为结果方面，既有直接的消费结果，也有间接实现的替代结果。

消费者对汽车共享存在什么样的价值认知，对系统风险认知情况如何，会产生什么样的消费行为，如何定义和测量，是开展汽车共享消费绩效实现的替代机制研究的基础。本章首先对机制内的变量——系统价值认知、系统风险认知和消费相关行为意向进行定义和测量；其次基于小样本调查对相关变量的测量量表进行探索性因子分析；最后基于大样本调查对替代机制内的相关变量进行验证性分析。

4.1 变量的定义与测量

4.1.1 系统价值认知的定义与测量

4.1.1.1 参与汽车共享的价值动机分析探索研究

价值是人们对各种行为方式进行选择的判断标准。价值的重要性在于它指导个体行动和社会导向，影响个体决策和社会发展方向。人类行为体现了其价值需求，是评价外界事物的参考系，构成人们行动能力的基础，包括各种消费行为。Gutman（1982）认为消费的最终目标是为了满足并体现消费者的价值动机。Garling et al.（1989）指出，消费者以价值信念评价产品属性，并由此产生不同的消费服务、产品以及行为的选择，消费者持有的价值动机不同，其所体现的消费行为结果就会有所不同。

在具体的应用场域中，消费者行为所引导的价值体现了个体的参与动机。本部分的研究重点在于探索参与汽车共享消费的价值动机（特别地，是基于"A 借 B 还"运营模式的电动汽车共享）。史有春（2013）认为消费价值观分为总体价值观、消费价值观、同产品领域价值观和对特定产品属性的评估 4 个层次，应该根据具体的需求开发不同层次的价值观量表。总体价值观在进行具体行为分析时由于缺乏具体"信号"而导致"隔靴搔痒"，或者缺乏相关维度的逻辑联系。有学者将个体在生活中的价值观引申为生活方式（Piscicelli et al.，2015）。Martin and Upham（2016）从总体价值观角度对比 Freegle 的用户与英国社会的价值观，发现它们之间并无太大区别，因此在后续的研究中根据特定产品属性的评估来考虑相关的消费行为（Martin et al.，2017）。同时，在分享经济中的新型消费行为面前，其习惯的影响是比较弱的（夏凯旋，2007），系统与人们之间的价值互动是直接的。因此，基于具体应用导向开发具有"信号"维度的价值观量表或者具体应用的价值动机，应该采用对特定产品属性的评估，原因是这既与消费心理倾向和生活方式具有一定的呼应关系，又更加具体和实际，有利于对相关情景内的行为意向的预测。

（1）研究方法。

质化研究方法允许研究人员在缺乏对理论模型先验的情况下获得直接信息，特别是对比较新的现象和模式进行可迭代的分析和理解，从而自下而上地建构理论。国内对汽车共享的消费研究目前还比较薄弱，虽然该实践在发达国家已发展了几十年，但是在中国仍是新兴现象，并且伴随着其他共享实践的崛起，中国的汽车共享特别是电动汽车共享的发展具有与发达国家不同的背景和自身的特点。因此，本书认为有必要首先进行探索性的质化研究，通过访谈与观察挖掘用户参与的价值动机。为了获取和分析参与的价值动机，采取“方法—目的链”（Means - End Chain，MEC）的方式。它是一种质化研究方法，揭示人们参与到某些行为中去的动机和原因。该理论用于研究分析个体的行为动机和认知结构（Gutman，1982），主要基于以下两个假设：一是价值是个体行为的终极目的，是主导行为的重要因素；二是个体会基于自身的价值驱动与方法的匹配度进行选择。其中方法（Means）指的是人们进行某种行为或者消费活动，目的（End）是指该方法可以获得的最终价值的实现。通过从方法到目的的层层分解，将个体的行为动机分解为“属性—结果—价值”（Attribute - Consequence - Values）三个层级，重点在于探讨个体如何通过产品/服务的行为决策来达到最终的目的价值实现，说明个体如何通过产品/服务的选择，以满足其需求目的（Gutman，1982）。

属性是指人们或消费者面对的产品/服务属性特征，包括有形的具体产品属性及无形的抽象服务属性，属于最具体和基础的层级，由个体认知到这些属性而后产生更高层级的结果；结果位于属性与价值之间，包括直接的功能结果和间接产生的心理结果，是使用产品/服务后所产生的收益或风险；价值是最高层级，是人们通过他们的行为来追求实现一种持续性信念或终极状态，可以表现为哲学或者人生层面的价值观，也可以是具体场域下的特定价值动机，是对结果层的抽象总结。更明确地说，每种产品或服务都有其“属性”，而这些属性将会引起消费者的实际感受“结果”，通过这些感受结果将会满足消费者内心追求的“价值”。将消费者由产品或服务“属性”连接到个人的“最终价值”实现，可以整合成“方法—目的链”的阶梯，其中包含一种或多种的属性、结果或价值。MEC 分析的基础是深度访谈，它可以获得消费者如何通过消费行为来满足其价值追求的过程与内涵信息，并允许对个体的看法进行提炼和更加精确的解释，从而可以弥补宏观研究取向中关于消费过程中商品特性与个人价值动机连接的不足之处（Reynolds and Gutman，1988）。

层级价值图（Hierarchical Value Map，HVM）用于实现 MEC 的可视化，表现具体服务的属性、结果和价值动机之间的路径联系，清楚地观察出用户如何思考和他们参与的基本动机。分析 HVM 可以洞察出用户的认知结构，支持研究者提取他们参与汽车共享消费的价值动机模型。图 4.1 为 MEC 方法的研究过程。

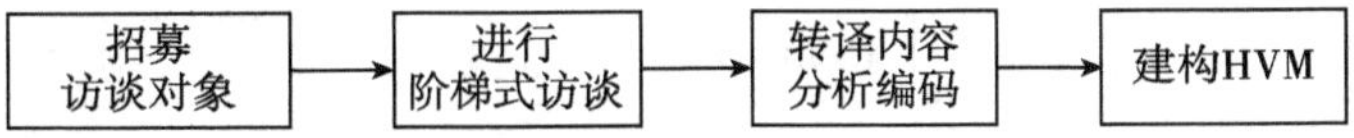

图 4.1　MEC 的研究过程

（2）数据收集与分析。

基于 MEC 理论，本部分采用软式阶梯访谈法（Reynolds and Gutman，1988）。该方法可以不受限制地引出答案，并且反映出 MEC 中的层级结构，它从激发人们行为的直接属性认知开始，沿着链条往上追问。基本流程导向为：首先用户回答从汽车共享的产品或服务上所认知到的属性是什么；继而对这些属性对用户的重要性及原因进行反复询问，逐渐挖掘深层次的动机和价值诉求。主要询问问题为：“汽车共享哪些方面吸引你?”“为什么会选择共享汽车产品和服务?”“使用汽车共享会给你带来什么?”“使用汽车共享的主要目的是什么?”根据访谈对象的回答继续追问为什么，由受访者自己为自己提供理由，从而了解其行为的深层次动机（Wilhelms et al.，2017）。其中开导询问的问题是经过了有经验的定性研究人员的咨询和测试而设计的，访谈基于半结构化的问卷，通过对 16 位汽车共享用户进行访谈，获得这些用户对其参与的动机和个人基本信息（相关信息见表 4.1），访谈发生时间为 2017 年 6 月，每次持续约 30 分钟，并对访谈内容进行了录音和文本转录。

表 4.1　受访者基本信息

编号	性别	年龄/岁	职业	月收入/元	用途	平均频率	参与时间	满意程度
U01	女	30	全职	5001～10000	通勤	每天	超过 1 年	一般满意
U02	男	38	全职	10001～20000	通勤	每天	超过 1 年	比较满意
U03	男	33	自由职业者	5001～10000	休闲	每周	7～12 个月	一般满意
U04	男	37	全职	未透露	通勤	每天	超过 1 年	比较满意
U05	男	23	学生	<2000	通勤	需要时	超过 1 年	一般满意
U06	男	24	学生	<2000	通勤	每周	超过 1 年	比较满意
U07	女	27	全职	5001～10000	休闲	每周	4～6 个月	比较满意
U08	男	35	全职	10001～20000	通勤	每天	超过 1 年	非常满意
U09	女	31	自由职业者	2000～5000	通勤	每周	7～12 个月	一般满意
U10	男	32	全职	5001～10000	休闲	每 2 周	超过 1 年	一般满意
U11	男	32	全职	10001～20000	休闲	需要时	7～12 个月	非常满意
U12	男	27	全职	5001～10000	休闲	每 2 周	超过 1 年	一般满意
U13	男	27	全职	5001～10000	休闲	每周	4～6 个月	比较满意
U14	男	31	自由职业者	5001～10000	其他	每周	超过 1 年	比较满意
U15	女	26	全职	2000～5000	通勤	需要时	低于 3 个月	一般满意
U16	女	30	全职	5001～10000	通勤	每天	超过 1 年	比较满意

随后采用 NVivo 软件对收集到的访谈文本资料进行分析，通过开放式编码、主轴编码和选择性编码将描述的内容概念化。由两个独立的研究评估者对代码进行分类、合并和建立连接，包含挖掘受访用户对产品/服务所认知的属性、结果、获得及实现的价值，建立起层次之间的连接。最后对编码和连接进行 Kappa 统计，其可靠性为 0.946（$P<0.000$），进而对有异议部分进行协商统一。

（3）链路识别。

经过对阶梯访谈数据的分析，共识别 7 个不同的汽车共享系统属性。作为产品服务系统的应用，汽车共享系统包含产品和服务的属性，它们对消费者起最基本和直接的行为影响作用；MEC 的第 2 层是由 8 个功能性后果和 7 个心理性后果组成；所有的组成要素可总结为 5 个核心的价值动机。表 4.2 为汽车共享消费 MEC 组成要素总述。

表 4.2 汽车共享消费 MEC 组成要素总述

产品/服务属性	功能性后果	心理性后果	价值动机
车队规模和网络 新能源汽车 按次付费 A 借 B 还 专有停车位 App 支持 多种车型	临时使用 容易找到停车位 灵活使用 容易计算 降低碳排 了解新能源汽车 减少步行 比私家车花费少	束缚和担忧少 有趣 省钱 省时间 环境意识 使用而非拥有 谈资	绩效价值 经济价值 环保价值 社会价值 享乐价值

在 HVM 中，每一个路径代表着一个消费者的方法—目的链，可以将其看作个体行为的动机链。因此，HVM 可以洞察受访者的层级认知结构，并为潜在价值动机提供说明。与 Schaefers（2013）对发达国家汽车共享的 MEC 研究不同，本书认为汽车共享的产品和服务是同时选择和供给的，为了便于后续的量化研究，没有将汽车共享的产品和服务属性进行区隔分析。根据数据的结构分析结果，参考 Schaefers（2013）和 Wilhelms et al.（2017）设立的 HVM 图例（见图 4.2），本书将 MEC 中识别出的各种要素通过使用不同的框体和阴影来区分：属性表示为矩形；功能性结果表示为浅灰色的圆角矩形；心理性结果表示为灰色的圆角矩形；价值动机表示为椭圆。不同要素之间的联系强度被划分为弱关系（最多 3 个关联）、中关系(4 ~ 6 个关联)、强关系(大于等于 7 个关联)，并用不同粗细程度的箭头表示。

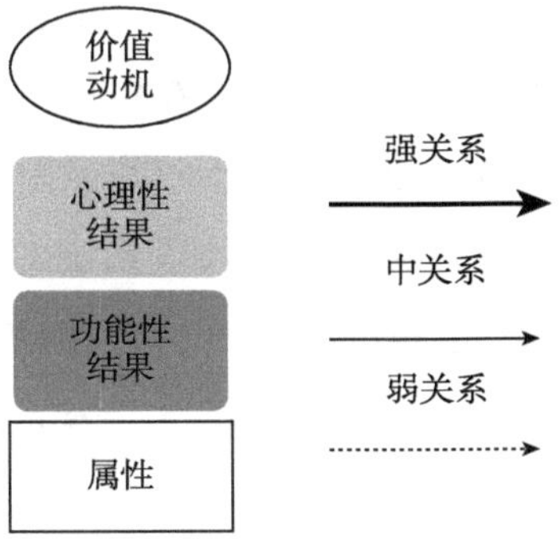

图 4.2 HVM 图例

如图 4.3 所示，汽车共享 HVM 将数据的结构分析结果可视化，HVM 中的不同类型的要素通过图 4.2 的图例进行区分，连接表示要素之间的关系。例如，“新能源汽车”属性连接“降低碳排”及“了解新能源汽车”的功能性后果，进而与“环境意识”及“谈资”“有趣”的心理性后果连接，最终体现了“环境价值”“社会价值”“享乐价值”。

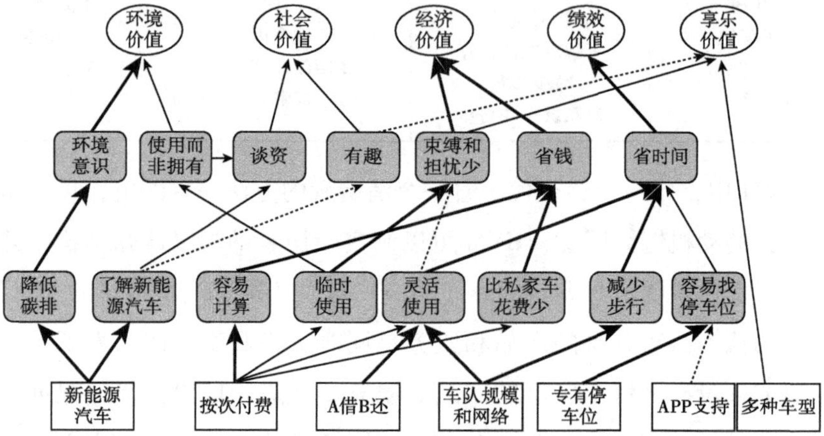

图 4.3　基于新能源汽车共享的 HVM 图

基于 HVM 图中所显示的关联的强度，通过计算每个要素的直接和间接关系的数量，清楚识别三个主要的强 MEC 认知关联路径。第一条路径是环境价值路径，与电动汽车本身和系统的性质有关，从“新能源汽车”属性出发，经过“降低碳排”到“环境意识”，进而形成“环境价值”。对于受访者来说，他们拥有多种类型的交通消费供其选择，虽然在很多相关研究和调查中，环境价值并不是非常显著，但是人们通常在可以选择的选项中会选择其中比较环保的选项来实现同样的目的。而电动汽车共享将其环保属性突出，从本调查结果可以看出，受访者是认可汽车共享系统的环保属性的，并将其作为主要的价值动机之一。第二条路径是经济价值路径，与分时租赁本身的商业模式有关，从“按次付费”属性出发，经过“容易计算”“临时使用”“比私家车花费少”到“省钱”“束缚和担忧少”，进而形成“经济价值”，按次使用计费促使受访者可以以较为低廉的价格使用汽车、减少支出，节省了购车成本，允许参与者减少他们的固定成本与汽车拥有率，不需要考虑拥有汽车的麻烦和负担（如养车、保险等费用），这使得受访者认知到汽车共享系统的经济属性，促使他们进而进行相应的消费行为。第三条路径是绩效价值路径，与系统布局设计有关，该路径主要通过“A 借 B 还”这种运营模式，“车队规模和网络”和“专有停车位”，到达“灵活使用”“减少步行”和“容易找停车位”，进而达到“省时间”的绩效结果，体现了相应的“绩效价值”，对于受访者来说，节省时间是很重要的，因为这增加了他们的生活质量和交通消费方面的效用，特别是可以让他们专注于那些被认为更重要的生活方面。

相应地，社会价值和享乐价值的 MEC 路径体现得比较弱，但也与以上的三种主要路径具有一定相关的延伸价值关联。“社会价值”的链路主要来自对于电动汽车的认知，通过“了解新能源汽车”形成在社会上的优越感标志，成为与其他人的“谈资”和自身“有趣”的证明；进而，“谈资”源于对新型消费模式的体验，以“使用而非拥有”这种独特新型的消费模式与社会其他人进行展示和交流，从而获得社会认可，体现“社会价值”。“享乐价值”路径直接源于“有趣”的消费模式、对自身生活的“束缚和担忧少”的心理性后果以及属性层的“多种车型”，“了解新能源汽车”“临时使用”和“灵活使用”的功能性后果，源自属性层系统的多重性质，这些要素交互在一起，在一定程度上实现受访者的“享乐价值”追求。

本部分的研究表示，在中国的电动汽车共享中，人们从最初的属性识别到最终的价值动机，体现出来的阶梯式链路与发达国家的汽车共享具有显著的差异。与 Schaefers（2013）研究对比，由于汽车采纳的车型不同，会影响相应的属性认知差异，如电动汽车的新能源和环保属性。然而，其结果层的价值动机具有相似性，一方面是尽管部分客观属性不同，但是汽车共享所具备的性质是具有相似性的，都是通过替代拥有型消费而发生的消费行为；另一方面，价值的提炼具有一定的抽象性，导致层次上升之后所反映出来的价值动机具有相似性。这种相似性也说明了各种共享实践具有相似的价值内核。

4.1.1.2　系统价值认知的定义与测量

为了探索汽车共享消费的系统价值认知的价值动机组成，通过定性分析方法（MEC）来揭示汽车共享属性与用户核心价值之间的层次关系。通过对与汽车共享用户的阶梯式访谈中获得的数据进行分析，发现了 5 种潜在进行汽车共享消费的价值动机来源，即绩效价值、经济价值、环境价值、社会价值和享乐价值（见图4.4）。

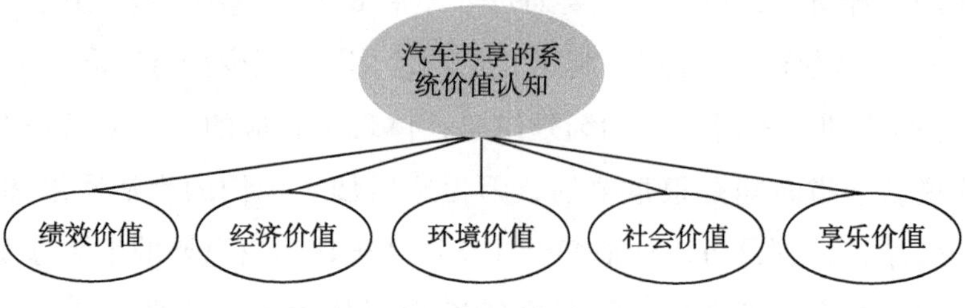

图4.4　汽车共享的系统价值认知

（1）绩效价值。

绩效价值在节省时间的心理社会后果中尤为明显，这是由与车辆相关的和与服务相关的属性所决定的。人们希望有一个能帮助他们实现高效交通的汽车共享服务。通过轻松找到停车位、灵活的使用、减轻的责任或者简单的定价模型，减少需要担心的方面，并能够节省时间。此外，由密集的布点网络和车辆供给提供高可用和可靠的安全性，也在一定程度上体现了便利性和绩效实现的可能性。绩效价值（Performance Value，PV）是指个人认为使用汽车共享可以帮助提高交通绩效的结果是如何的，其中包括认知有用性、外部激励、适用性、相对优势和结果预期（兰静和诸大建，2017）。消费者要认知到汽车共享服务的有用性，以及与自身情况的适配性和结果，即对汽车共享的交通功能实现的期望。本书将绩效期望定义为汽车共享服务使用者认为该服务更有利于满足其交通的需求，并可提高出行质量和效率。

（2）经济价值。

经济价值（Economic Value，EV）构成了节省资金的心理社会后果，反过来体现了节俭经济的核心价值。具体来说，通过使用汽车共享来节省钱是受到了单次使用价格属性（含保险和停车费用）的影响，以及计算和花费比自己开车少的功能后果。在众多的已有研究中，经济价值往往是人们参与汽车共享消费主要原因之一，比如它可以降低生活成本和负担的压力，以及它降低个人运输费用的潜力（张余杰 等，2015）。因此，本书中，经济价值指的是消费者在使用产品和服务时会与相似产品和服务的价格价值进行对比，以期获得更多的消费者剩余价值。

（3）环境价值。

在机动车拥堵、雾霾和污染的城市中，环境价值代表了人们希望通过汽车共享获得更多的绿色好处，它是通过汽车的特性（如新能源、尺寸等）和汽车共享的系统能力来体现的。环境意识本身主要与可持续发展的核心价值有关，而新能源汽车共享中的环境价值具有积极的直接和间接作用。因此，本书定义的环境价值（Environmental Value，EnV）指的人们是对汽车共享系统本身和其消费模式的绿色环保影响的认知，会影响人们使用汽车共享。汽车共享在可持续交通消费方面有着天然的优势，目前大部分的汽车共享项目所采用的车辆都是新能源汽车，不管是在单个产品的能源消耗上，还是在社会整体能源消耗上，具有一定的环保属性。

（4）社会价值。

在汽车共享服务的使用过程中，用户的认知会受到周围朋友、同事、家庭及其广告甚至网络的影响。不管是来自网络或是广告推广宣传，还是周围亲友的看法，都有可能影响用户对汽车共享服务使用的意愿。Bardhi and Eckhardt（2012）认为，对于汽车共享消费，由于使人们没有了拥有权，那么在一定程度上使人们失去了拥有权的社会地位和身份。他们采用半结构化面试的方式调查了 Zipcar 用户对于汽车共享消费的看法，发现部分用户不希望朋友看到自己使用共享的汽车，原因是汽车共享的公共用途和低门槛；然而有些用户认为使用汽车共享服务是为社会环境负责任的表现，使用起来很“酷”，很多朋友也都在用，而且愿意号召更多的人使用。通过上文的访谈，可以发现国内受访人对汽车共享消费的认可度，他们认为使用共享汽车可以体现个人形象和生活方式。因此，社会价值（Social Value，SV）在本书中指的是汽车共享消费所展示的个人形象，以及对周围群体和环境影响的程度，是群体压力、社会评价影响个体消费模式的社会参照规范，与社会因素和身份形象有关（Venkatesh et al.，2012）。

（5）享乐价值。

汽车共享在中国作为新型的交通方式，可以尝试多种不同的服务车型、服务形式。消费者在常规交通方式之外还可以有其他不同的选择，可能带来娱乐性、快乐感、新奇感以及不同体验的享受。这里将享乐价值（Hedonic

Value，HV）定义为个体自身从消费汽车共享中获得的乐趣（Hamari et al.，2016）。

问题的测量项统一使用 Likert 五级量表，受访者在“完全不同意”“不太同意”“一般”“大致同意”“同意”5 个选项中选择最符合自身感受的选项，将回答“完全不同意”设为 1 分，以此向上类推，分数越低表明受访者越不同意题项表述内容，分数越高则表明受访者越同意题项表述内容（下同）。汽车共享服务的系统价值认知（Cognition of Systemic Value，SVC）指个体认为汽车共享服务所带来的整体价值。各维度的初始测量条款见表 4.3。

表 4.3 汽车共享的系统价值认知及各维度的测量

序号	测量题项	分类
PV1	汽车共享服务在我出行中是有用的	绩效价值 PV
PV2	汽车共享服务可以提高我的交通效率	
PV3	汽车共享服务使我的出行计划更加灵活	
EV1	汽车共享服务可以减低我的出行成本	经济价值 EV
EV2	我认为汽车共享服务价格很合理	
EV3	我认为与私家车相比，使用汽车共享节省了成本	
EnV1	我认为汽车共享是对环境负责的	环境价值 EnV
EnV1	汽车共享可以帮助我减少对汽车的使用	
EnV2	使用汽车共享可以帮助我减少我制造的废物和消耗的能源数量	
EnV3	拥有一辆汽车并让它在大部分时间里闲置是错误的	
EnV4	我认为共享汽车减少了对整体自然资源的使用	
SV1	我周围的人会影响我使用汽车共享服务	社会价值 SV
SV2	我的家人会赞同我使用汽车共享服务	
SV3	我的朋友们会赞同我使用汽车共享服务	
SV4	使用汽车共享可以帮我提高社会形象	
HV1	汽车共享服务让我觉得很有意思	享乐价值 HV
HV2	汽车共享服务让我觉得很有乐趣	
HV3	汽车共享服务让我觉得新鲜和好奇	
HV4	我享受使用汽车共享服务的过程	

量表参考资料：Lamberton and Rose（2012），Venkatesh et al.（2012），Hamari et al.（2015），兰静和诸大建（2016），Lan et al.（2017），Barnes and Mattsson（2017），实地访谈。

4.1.2 系统风险认知的定义与测量

目前，大部分研究主要是根据协作消费与传统消费相比所带来的价值增加来判断参与协作消费行为的影响因素，从一定程度上忽略了分享系统本身的性质和内部所存在的紧张和矛盾给人们带来的风险认知。作为一种新型的消费模式，人们在不同的实践中会对具体情境进行分析，不仅评估价值还会评估风险。

Acquier et al.（2017）认为有三种组织核心支持分享经济：一是使用经济，将拥有转变为使用服务，对未被充分利用的资源或资产进行优化使用；二是平台经济，通过互联网等技术平台，在个体同属性之间进行分布式交换活动；三是社群经济，通过非合同、非层级或者非货币的形式进行协调互动，以完成工作或者交易等。尽管这三种组织核心具有潜力实现可持续发展目标，但是内部存在着紧张和矛盾的关系（见表4.4）。

表4.4 分享经济不同组织范式的可持续潜力及问题（Acquier et al.，2017）

项目	使用经济	平台经济	社群经济
可持续潜力	后拥有社会： 经济和社会潜力——更具包容性和广泛的接入能力； 环境潜力——优化资源使用效率	后官僚社会： 经济和社会潜力——广泛的接入能力，更大和更安全的交易系统，个体经济机会； 环境潜力——优化资源使用效率； 后官僚潜力： 无中介、分布式个体市场	后市场社会： 经济和社会潜力——社群内包容性和社会联系； 后官僚社会潜力： 与市场和官僚权力对抗的社群能力
紧张和矛盾	道德风险和不当行为； 反弹效应	平台成为新的政治和市场力量	影响范围有限； 开放和社群独特性的矛盾

每一个组织核心代表了分享经济的一个基本特征，应尽量避免出现单一核心的分享商业模式。将这三种组织核心相互结合，发挥各自优势的同时可以在一定程度上降低内部产生的紧张和矛盾。如将使用经济和平台经济结合在一起形成使用型平台，通过平台获取未被充分利用的资源和服务，具有迅速扩张的能力，主要的批评是：对所涉利益相关者福利的贡献不够平均，缺乏社群整体性考虑；将平台经济和社群经济结合在一起形成社群型平台，利

用平台的效率和扩张能力同时不忽视社群的利益诉求，但是在面对全球化和地方化的矛盾时（Global vs. Local），处理竞争和吸引投资的能力往往不够；将使用经济和社群经济结合在一起形成使用型社群，在社区层次（特定的物理或虚拟空间）分享未充分利用的资源和服务，从而实现经济、社会和环境方面的可持续发展，这种结合一般基于社会资本的建立，主要采用非货币交易的方式，在扩大影响力和范围方面就会出现问题，一旦规模变大，可能会出现因理念不同而解体的问题。使用经济、平台经济和社群经济在各自可持续能力和价值诉求方面有所不同，而成功的分享经济实践模式应尽可能将以上三种组织核心结合在一起，以实现更好的可持续绩效（Richardson，2015；Acquier et al. ，2017）。

目前来看，B2C汽车共享属于使用型平台，具有明显的使用和平台经济的特点，而在社群经济方面的支持具有很大的不确定性和模糊性，因此带来了相应的风险；进一步地，汽车共享属于开放商业共享物品（Lamberton and Rose，2012），具有使用而非拥有的准公共物品的性质，在选择使用时需要参与者考虑其准公共物品的特征。分享系统和共享车辆具有低准入门槛的公共性和高竞争性，同时由于自助型服务监督机制的缺乏和消费者角色认知的不到位，带来了服务质量的不确定性和心理上的接受难度。综上，撇去认知价值方面对支出成本和收益的衡量，在研究汽车共享消费的影响要素时，应该考虑使用汽车共享服务可能带来的负面后果，并关注分享系统本身所具有的紧张和矛盾。风险认知是消费者对错误决策可能后果的主观评价，其概念最初由哈佛学者Bauer在消费者行为研究上提出，定义为“结果的不确定和严重性”。Peter and Ryan（1976）认为风险认知是“与购买相关的损失预期，是消费行为的抑制剂”。风险认知理论认为，人们热衷于最小化他们认知的风险，然而系统中的信息不对称使得人们在消费之前很难识别真实的产品或者服务价值，因此产生了产品和服务的不确定性、信息不对称和对机会性行为的恐惧，这些风险降低了行为意向。之前的研究已经应用风险认知来研究人们的决策行为，并根据具体的应用情境进一步确定了其维度，例如，Featherman et al.（2003）指出了使用电子服务的风险认知的6个维度，即绩效风险、隐私风险、社会风险、财务风险、时间风险和心理风险；Yoon and Lee

(2017) 基于 P2P 住宿风险将整体的风险认知设置为一个信任风险维度。汽车共享系统涉及系统内对产品和服务的竞争，由于公共性和竞争性，系统的整体吸引力不仅依赖于消费者本身对系统的价值认知，还依赖于对其他消费者使用的认知。也就是说，人们可能会认为，其他人的使用可能会妨碍他们消费汽车共享的价值。这样的话，即使在控制了所有的成本和收益之后，如果无法提高人们对汽车共享的服务质量要求，那么会降低其相应的行为意向。

因此，作为高竞争和低排他的商业分享系统，汽车共享本身的属性问题系统地给这一服务带来了不可避免的风险。Lamberton and Rose (2012) 认为，汽车共享系统中存在高竞争性，即当一辆车被使用，另一个用户就没有办法使用该车辆，因此将其定义为缺乏性风险。稀缺性风险认知 (Cognition of Scarcity Risk, SR) 指的是人们不能获取共享汽车使用的认知信念，因为“认知产品存在稀缺性风险”。另一方面，汽车共享系统还具有低排他的性质。虽然存在押金或者会员费，但是整体来说它是为城市或者社区提供服务的，因此它的排他性较低。而共享汽车为系统内的公共物品，存在着人们对系统的贡献不同的情况。在前文中提到，汽车共享需要参与者提供协作，从而与系统之间、与其他用户之间形成价值共创，实现消费绩效，然而其中存在着“搭便车”行为 (Lamberton, 2016)，降低了人们之间的不信任。由此，这里将其定义为互惠性风险认知 (Cognition of Reciprocity Risk, RR)，指的是人们对其他使用者的良好或者不当行为的认知信念。因此，本书定义汽车共享消费中的系统风险认知是：由于系统的公共性和竞争性而带来的参与消费汽车共享相关的负面后果的可能性，是一种主观认知，分为稀缺性风险认知和互惠性风险认知两个维度 (见表 4.5)。

表 4.5　汽车共享服务的系统风险认知测量

序号	测量题项	分类
SR1	非常可能我想用车但是没有车可用	稀缺性风险认知 (SR)
SR2	当我想要使用汽车共享服务的时候，很可能无法得到我想要的车	
SR3	当我想要用一辆车的时候，很有可能附近没有车	
SR4	我在需要汽车共享服务时，肯定可以在附近找到车	

续表

序号	测量题项	分类
RR1	我认为大家都只顾自己使用，没有人会愿意帮助汽车共享的发展	互惠性风险认知（RR）
RR2	我认为其他使用汽车共享的人会影响我的使用	
RR3	我不信任汽车共享的其他用户	
RR4	当我预定某辆共享汽车时，我相信之前的使用者会好好地使用这辆车	
RR5	每次使用的时候，必须调整座位和其他方面来满足我的驾驶偏好，这让我非常在意	

量表参考资料：Lamberton and Rose（2012），Schaefers et al.（2016），Yoon and Lee（2017），实地访谈。

4.1.3 消费行为意向的定义和测量

分享经济中的消费目前还是比较模糊的概念，不管分享经济的消费特征被认为是协作消费（Botsman and Rogers，2010）还是使用型消费（Bardhi and Eckhardt，2012）。这两种定义的问题在于对具体分享实践中的消费行为的定义不够明确。根据汽车共享的系统特征，本书认为汽车共享中消费的重点在于消费者产生的“不求所有但求所用”的使用行为和消费者之间的协作关系，为了更好地说明这两个特质，本书将汽车共享中的消费行为定义为使用消费行为和协作消费行为，汽车共享的消费行为如图 4.5 所示。

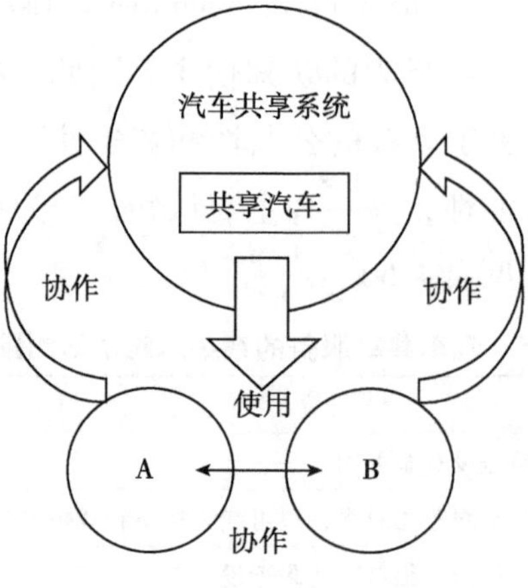

图 4.5 汽车共享的消费行为

具体来说，使用消费行为（Access - based Consumption Behaviour，ACB）

指的是使用而非拥有的消费行为；协作消费行为（Collaborative Consumption Behaviour，CCB）是包括使用消费行为和个体在汽车共享中的资源供给和治理行为。在汽车共享中，使用消费行为指的就是使用共享汽车完成消费行为，并为使用付出成本。协作消费行为是指除了正常满足自己使用车辆需求之外还包含的协作行为，如不在车内吸烟/吃东西、不弄脏车辆、不损坏车辆内饰、清理自己弄脏的车辆至原有状态、报告非协作行为或车辆故障等。协作行为是使用汽车共享的集体行为，是共同维持系统可靠运作的保障，要与其他用户或者系统进行互助完成消费的分享行为。使用消费是 B2C 汽车共享的天然特点——使用而不拥有，但其中影响到的个体可能并无意识他们需要提供相应的协作行为，以帮助和维护系统的正常运行。协作消费是有意识地进行使用并维护系统的消费行为。Lan et al.（2017）认为协作行为是共享经济中价值共创的基本组成，是形成产消者的重要体现。汽车共享的消费绩效实现需要参与用户之间的强互动关系，需要高水平的用户协作参与度，以减轻和避免“公地悲剧”的发生。汽车共享的消费者不仅仅是和其他用户之间共同分享汽车的使用，同时他们还有责任将汽车按时归还、维护和补充能源，这样下一个用户就会有好的使用体验。用另一种话来说就是，消费者需要和企业以及其他用户一起共创服务产出，实现分享系统下的消费绩效。由于协作消费是新型消费行为，个体可能不会主动和直接地产生这样的消费行为，会需要一定的时间来学习，从使用消费转变为协作消费（Lan et al.，2017），因此在汽车共享中，使用消费行为可能会导致协作消费行为的发生。

汽车共享影响下的替代行为（Substitutive Behaviour，SB），主要指的是积极的行为变化（Desired Behavioral Changes），在本书中指的是在汽车共享系统的影响下，消费者发生的交通方面消费行为的积极变化，如不拥有汽车、低碳交通消费行为等。汽车共享对温室气体排放问题产生直接和间接两种效应：直接效应即原有车辆的成员由于加入汽车共享后，放弃使用或减少使用原私有小汽车，从而减少了私人小汽车拥有量和出行量；间接效应即汽车共享满足了无车成员的机动化需求，使其放弃了车辆购置计划，从而减少了小汽车拥有量的增加量和出行量的增加量（Paravantis and Georgakellos，2007；张淼等，2012）。另外，加入汽车共用后，会员增加了公共交通、轻便摩托车、自行车和步行等相对更环保的出行方式的出行比例（Martin et al.，2010）。

在建立相关概念的量表时，由于无法实际观察到消费者的行为，本书以消费意向表示消费行为（Ajzen，1991），并根据已有研究的成熟量表和访谈资料建立起对汽车共享服务所涉及消费行为意向（Consumption Behaviour Intention，CBI）的测量量表（见表4.6）。

表4.6　汽车共享服务的消费行为意向测量量表

序号	测量题项	分类
ACBI1	当我需要使用汽车时，我认为我非常想要使用汽车共享服务	使用消费行为意向（ACBI）
ACBI2	当我需要使用汽车时，我认为非常确定我会使用汽车共享服务	
ACBI3	当我需要使用汽车时，我认为非常可能我会使用汽车共享服务	
CCBI1	当我需要使用汽车时，我会选择汽车共享服务并对我在使用共享汽车时的行为负责的可能性	协作消费行为意向（CCBI）
CCBI2	当我需要使用汽车时，我会选择汽车共享服务并对其他用户在汽车上的不当行为进行举报的可能性	
CCBI3	当我需要使用汽车时，我会选择汽车共享服务并对共享汽车适当的维护行为（如清理、拍照上传系统或者其他维护行为）的可能性	
SBI1	我会由于汽车共享而在一段时间内不购买自己的汽车	替代消费行为意向（SBI）
SBI2	我会由于汽车共享而减少使用我自己的汽车（假设您有车）	
SBI3	我会由于汽车共享而增加公共和低碳交通（步行、自行车）的使用	

量表参考资料：Ajzen（1991），Martin et al.（2010），Schaefers et al.（2016），Yoon and Lee（2017），实地访谈。

4.2　探索性因子分析

在大规模发放问卷和收集数据之前，为了提高问卷的信度和效度，本书对问卷特别是价值动机和风险认知量表进行了测试和检验。该阶段主要是从信度分析和探索性因子分析（EFA）两个方面对测项进行筛选。本阶段的主要目的是得到精简有效的变量测量量表，其中信度分析是删除对测量变量无贡献的问卷题项，以增加每个潜变量的信度；EFA用于确定量表的基本构成和题项。小样本问卷收集于2017年7—8月在上海市开展，随机选择上海市嘉定区安亭商业区、同济大学（杨浦区）、虹桥机场和火车站的汽车共享点附近社区和人群，进行问卷的发放，发放之前确保调查对象了解汽车共享服务的概念，并且具备驾驶能力。本次调查共发放问卷200份，回收有效问卷158份，有效回收率为79%。

对各变量测量条款的偏态、均值标准差和峰度等描述性统计如附表A.1所示（小样本数据的描述性统计）。在正态分布的测量中，标准为当偏度绝对值小于3、峰度绝对值小于10时，则认为该样本基本上服从正态分布，从而可以进行进一步的分析。在本次样本中，符合该标准，则认为其符合正态分布。

本部分的测量步骤和标准说明如下。

首先，对各潜变量的测量条目进行净化，删除信度较低的条目。根据总量修正系数（CITC）和α信度系数的标准建议剔除相关度较低的题项，本书将CITC >0.5作为净化测量条款的标准（Churchill，1979），进而利用α信度系数检测信度，若删除某条目将使α信度系数增大的话，则删除。该步骤每删除一个条目都需要进行重新计算。在探索性研究中，α系数一般要大于0.6。

其次，对净化过的条目进行KMO样本充分性测度和巴特利特球体检验，以判断是否适合因子分析。本书的判断标准如下：小于0.5，表示不适合；0.5~0.6，勉强；0.6~0.7，基本适合；0.7~0.8，适合；0.8~0.9，很适合；大于0.9，非常适合。

最后，对变量的剩余题项整体进行探索性因子分析。利用主成分分析法进行EFA，结合最大方差法进行分析，并采用特征值大于1作为因子的抽取原则。在分析中采用以下原则删除题项：一是共同度小于0.5，二是因子载荷小于0.5，三是跨载荷超过0.4（潘煜 等，2014）。

4.2.1 小样本量表的检验

本部分对定义的系统价值认知量表和系统风险认知量表进行不同维度的净化和测量，具体分析结果如下。

4.2.1.1 系统价值认知量表的检验

根据上文的定义，将价值动机量表分为5个维度分别进行净化和检验。

（1）根据绩效价值的 CITC 指数和 α 信度系数的标准建议剔除相关度较低的题项，结果见表 4.7。从表中可以看出，其初始 CITC 指数都大于 0.5，且整体信度系数为 0.892，大于 0.6，说明该量表符合进一步的研究要求。

表 4.7　绩效价值的 CITC 和信度分析

题项	初始 CITC 指数	删除该项目后的 α 系数	α 系数
PV1	0.693	0.865	初始（最终）$\alpha=0.892$
PV2	0.765	0.882	
PV3	0.754	0.834	

对净化过的条目进行 KMO 样本充分性测度并对巴特利特球体进行显著性检验，以判断是否适合因子分析，结果见表 4.8。根据表 4.8，KMO 值大于 0.8，且巴特利特球体显著性概率值 $P=0.000$，达到显著水平，拒绝相关矩阵不是单元矩阵的假设，表示该条目适合因子分析。

表 4.8　KMO 样本充分性测度和巴特利特球体检验

KMO 值	巴特利特球体检验		
	卡方值	自由度	显著性概率
0.823	92.231	6	0.000

（2）根据经济价值的 CITC 指数和 α 信度系数的标准建议剔除相关度较低的题项，结果见表 4.9。从表中可以看出，其初始 CITC 指数都大于 0.5，且整体信度系数为 0.918，大于 0.6，说明该量表符合进一步的研究要求。

表 4.9　经济价值的 CITC 和信度分析

题项	初始 CITC 指数	删除该项目后的 α 系数	α 系数
EV1	0.721	0.891	初始（最终）$\alpha=0.918$
EV2	0.698	0.863	
EV3	0.772	0.872	

对净化过的条目进行 KMO 样本充分性测度并对巴特利特球体进行显著性检验，以判断是否适合因子分析，结果见表 4.10。根据表 4.10，KMO 值大于 0.8，且巴特利特球体显著性概率值 $P=0.000$，达到显著水平，拒绝相关矩阵

不是单元矩阵的假设，表示该条目适合因子分析。

表 4.10　KMO 样本充分性测度和巴特利特球体检验

KMO 值	巴特利特球体检验		
0.873	卡方值	自由度	显著性概率
	103.563	6	0.000

（3）根据环境价值的 CITC 指数和 α 信度系数的标准建议剔除相关度较低的题项，结果见表 4.11。从表中可以看出，有 2 个题项的初始 CITC 指数小于 0.5，且删除后整体信度系数可以提高，具有净化空间。根据初始 CITC 指数和删除该项目后的 α 系数，先删除 EnV4，重新计算后发现仍有净化空间，再删除 EnV4，得到满足要求的 CITC 指数和 α 信度系数，最终的 α 信度系数为 0.751，大于 0.6，说明经过净化后该量表符合进一步的研究要求。

表 4.11　环境价值的 CITC 和信度分析

题项	初始 CITC 指数	最后 CITC 指数	删除该项目后的 α 系数	α 系数
EnV1	0.703	0.703	0.731	初始 α =0.732 最终 α =0.751
EnV2	0.487	删除	0.741	
EnV3	0.548	0.548	0.728	
EnV4	0.472	删除	0.745	
EnV5	0.611	0.611	0.730	

对净化过的条目进行 KMO 样本充分性测度并对巴特利特球体进行显著性检验，以判断是否适合因子分析，结果见表 4.12。根据表 4.12，KMO 值大于 0.7，基本适合；且巴特利特球体显著性概率值 P =0.000，达到显著水平，拒绝相关矩阵不是单元矩阵的假设，表示该条目适合因子分析。

表 4.12　KMO 样本充分性测度和巴特利特球体检验

KMO 值	巴特利特球体检验		
0.773	卡方值	自由度	显著性概率
	79.868	6	0.000

（4）根据社会价值的 CITC 指数和 α 信度系数的标准建议剔除相关度较低的题项，结果见表 4.13。从表中可以看出，有 2 个题项的初始 CITC 指数小于

0.5，且删除后整体信度系数可以提高，具有净化空间。根据初始 CITC 指数和删除该项目后的 α 系数，先删除 SV4，重新计算后发现仍有净化空间，再删除 EnV4，得到满足要求的 CITC 指数和 α 信度系数，最终的 α 信度系数为 0.743，大于 0.6，说明经过净化后该量表符合进一步的研究要求。

表 4.13　社会价值的 CITC 和信度分析

题项	初始 CITC 指数	最后 CITC 指数	删除该项目后的 α 系数	α 系数
SV1	0.459	删除	0.749	初始 α = 0.722 最终 α = 0.743
SV2	0.601	0.639	0.728	
SV3	0.513	0.532	0.721	
SV4	0.323	删除	0.731	

对净化过的条目进行 KMO 样本充分性测度并对巴特利特球体进行显著性检验，以判断是否适合因子分析，结果见表 4.14。根据表 4.14，KMO 值大于 0.7，基本适合；且巴特利特球体显著性概率值 $P = 0.000$，达到显著水平，拒绝相关矩阵不是单元矩阵的假设，表示该条目适合因子分析。

表 4.14　KMO 样本充分性测度和巴特利特球体检验

KMO 值	巴特利特球体检验		
0.736	卡方值	自由度	显著性概率
	66.889	6	0.000

（5）根据享乐价值的 CITC 指数和 α 信度系数的标准建议剔除相关度较低的题项，结果见表 4.15。从表中可以看出，其初始 CITC 指数都大于 0.5，然而删除 HV4 后 α 系数提升，因此将该题项删除后，整体信度系数为 0.883，大于 0.6，说明该量表符合进一步的研究要求。

表 4.15　享乐价值的 CITC 和信度分析

题项	初始 CITC 指数	最后 CITC 指数	删除该项目后的 α 系数	α 系数
HV1	0.681	0.732	0.855	初始 α = 0.856 最终 α = 0.883
HV2	0.665	0.708	0.845	
HV3	0.628	0.631	0.851	
HV4	0.503	删除	0.879	

对净化过的条目进行 KMO 样本充分性测度并对巴特利特球体进行显著性检验，以判断是否适合因子分析，结果见表 4. 16。根据表 4. 16，KMO 值大于 0. 8，且巴特利特球体显著性概率值 $P=0.000$，达到显著水平，拒绝相关矩阵不是单元矩阵的假设，表示该条目适合因子分析。

表 4. 16　KMO 样本充分性测度和巴特利特球体检验

KMO 值	巴特利特球体检验		
	卡方值	自由度	显著性概率
0. 892	96. 763	6	0. 000

4. 2. 1. 2　风险认知量表的检验

根据上文的定义，将风险认知量表分为 2 个维度分布进行净化和检验。

（1）根据稀缺性风险认知的 CITC 指数和 α 信度系数的标准建议剔除相关度较低的题项，结果见表 4. 17。从表中可以看出，有 1 个题项的初始 CITC 指数小于 0. 5，且删除后整体信度系数可以提高，具有净化空间。根据初始 CITC 指数和删除该项目后的 α 系数，删除 SR4，重新计算后得到满足要求的 CITC 指数和 α 信度系数，最终的 α 信度系数为 0. 856，大于 0. 6，说明经过净化后该量表符合进一步的研究要求。

表 4. 17　稀缺性风险认知的 CITC 和信度分析

题项	初始 CITC 指数	最后 CITC 指数	删除该项目后的 α 系数	α 系数
SR1	0. 633	0. 641	0. 832	初始 $\alpha=0.837$ 最终 $\alpha=0.856$
SR2	0. 619	0. 628	0. 812	
SR3	0. 543	0. 609	0. 826	
SR4 △	0. 439	删除	0. 853	

注：△表示该变量是反向测量，分析时已经将其正向化，下同。

对净化过的条目进行 KMO 样本充分性测度并对巴特利特球体进行显著性检验，以判断是否适合因子分析。根据表 4. 18，KMO 值大于 0. 8，且巴特利特球体显著性概率值 $P=0.000$，达到显著水平，拒绝相关矩阵不是单元矩阵的假设，表示该条目适合因子分析。

表 4.18 KMO 样本充分性测度和巴特利特球体检验

KMO 值	巴特利特球体检验		
0.812	卡方值	自由度	显著性概率
	85.881	6	0.000

（2）根据互惠性风险认知的 CITC 指数和 α 信度系数的标准建议剔除相关度较低的题项，结果见表 4.19。从表中可以看出，有 2 个题项的初始 CITC 指数小于 0.5，且删除后整体信度系数可以提高，具有净化空间。根据初始 CITC 指数和删除该项目后的 α 系数，先删除 RR4，重新计算后发现仍有净化空间，再删除 RR5，得到满足要求的 CITC 指数和 α 信度系数，最终的 α 信度系数为 0.881，大于 0.6，说明经过净化后该量表符合进一步的研究要求。

表 4.19 互惠性风险认知的 CITC 和信度分析

题项	初始 CITC 指数	最后 CITC 指数	删除该项目后的 α 系数	α 系数
RR1	0.681	0.715	0.862	初始 α = 0.863 最终 α = 0.881
RR2	0.587	0.672	0.831	
RR3	0.545	0.608	0.856	
RR4	0.341	删除	0.871	
RR5	0.468	删除	0.854	

对净化过的条目进行 KMO 样本充分性测度并对巴特利特球体进行显著性检验，以判断是否适合因子分析，结果见表 4.20。根据表 4.20，KMO 值大于 0.8，且巴特利特球体显著性概率值 $P = 0.000$，达到显著水平，拒绝相关矩阵不是单元矩阵的假设，表示该条目适合因子分析。

表 4.20 KMO 样本充分性测度和巴特利特球体检验

KMO 值	巴特利特球体检验		
0.835	卡方值	自由度	显著性概率
	110.012	6	0.000

4.2.1.3 消费行为意向量表的检验

根据上文的定义，分别对不同的消费行为意向的测量进行净化和检验。

由于本书各种消费行为意向分别定义，因此在此仅对其进行 CITC 指数和信度检验即可。

（1）根据使用消费行为意向的 CITC 指数和 α 信度系数的标准建议剔除相关度较低的题项，结果见表 4.21。从表中可以看出，其初始 CITC 指数都大于 0.5，且整体信度系数为 0.887，大于 0.6，说明该量表符合进一步的研究要求。

表 4.21　使用消费行为意向的 CITC 和信度分析

题项	初始 CITC 指数	删除该项目后的 α 系数	α 系数
ACBI1	0.602	0.855	初始（最终）α = 0.887
ACBI2	0.576	0.873	
ACBI3	0.663	0.864	

（2）根据协作消费行为意向的 CITC 指数和 α 信度系数的标准建议剔除相关度较低的题项，结果见表 4.22。从表中可以看出，其初始 CITC 指数都大于 0.5，且整体信度系数为 0.731，大于 0.6，说明该量表符合进一步的研究要求。

表 4.22　协作消费行为意向的 CITC 和信度分析

题项	初始 CITC 指数	删除该项目后的 α 系数	α 系数
CCBI1	0.668	0.703	初始（最终）α = 0.731
CCBI2	0.598	0.636	
CCBI3	0.715	0.670	

（3）根据替代行为意向的 CITC 指数和 α 信度系数的标准建议剔除相关度较低的题项，结果见表 4.23。从表中可以看出，其初始 CITC 指数都大于 0.5，且整体信度系数为 0.714，大于 0.6，说明该量表符合进一步的研究要求。

表 4.23　替代行为意向的 CITC 和信度分析

题项	初始 CITC 指数	删除该项目后的 α 系数	α 系数
SBI1	0.569	0.701	初始（最终）α = 0.714
SBI2	0.638	0.663	
SBI3	0.572	0.672	

4.2.2 小样本的探索性因子分析

在进行小样本探索性因子分析时，由于行为意向与其他变量之间存在独立性，所以选择系统价值认知和风险认知变量。在对其测量项目进行分项的初步测量和删除后，得到7个变量20个题项，再进行KMO样本充分性测度和巴特利特球体检验，判断是否可以对所有的测量题项进行因子分析，结果见表4.24。根据表4.24，KMO值大于0.6，且巴特利特球体显著性概率值$P=0.000$，达到显著水平。根据上文所定规则，表示20个题项可以进一步进行因子分析。

表4.24 KMO样本充分性测度和巴特利特球体检验

KMO值	巴特利特球体检验		
0.659	卡方值	自由度	显著性概率
	951.658	465	0.000

对变量的剩余题项整体进行探索性因子分析，利用主成分分析法进行EFA，结合最大方差法进行分析，并采用特征值大于1作为因子的抽取原则，进行方差极大正交旋转得到因子载荷矩阵。在分析中，根据共同度小于0.5、因子载荷小于0.5以及跨载荷超过0.4的原则删除题项，最终得到探索性因子分析结果。本次各题项均满足要求，没有题项被删除。见表4.25，共得到7个特征根大于1的因子，分别对应价值动机和风险认知的7个变量，共解释了69.918%的总方差变异。为了排除共同方法变异的影响，将系统价值认知和风险认知变量纳入因子分析过程，采用Harman的单因子检验方法来检验，发现其中最大的一个因子解释了总变异的25.527%，说明所有指标变量的测量误差项之间相互独立，共同方法变异的影响在本书中并不显著。经过Varimax旋转并重新排序后，发现其最大因子负荷具有聚集性，即同一变量的测量题项在对应的因子上，最大载荷大于0.5，说明目前的测量量表具有一定的区分效度。

表 4.25　系统价值和风险认知变量的探索性因子分析结果

潜变量	题项	因子						
		1	2	3	4	5	6	7
HV	HV1	0.696	−0.232	−0.204	−0.262	−0.063	0.010	0.145
	HV2	0.664	−0.253	−0.087	−0.136	−0.043	−0.266	0.089
	HV3	0.632	0.159	−0.024	−0.186	−0.006	−0.128	−0.249
EV	EV1	0.253	0.696	0.166	0.034	0.162	−0.027	−0.278
	EV2	0.245	0.610	0.053	0.278	0.175	0.017	0.357
	EV3	0.233	0.567	0.330	−0.356	0.182	−0.033	0.146
RR	RR1	0.124	−0.128	0.766	0.141	0.122	0.066	0.127
	RR2	0.308	−0.326	0.634	0.111	−0.014	−0.001	−0.155
	RR3	0.111	−0.252	0.568	−0.350	0.099	0.377	0.237
PV	PV1	0.204	−0.181	0.129	0.580	0.051	−0.368	0.129
	PV2	0.011	−0.513	−0.124	0.569	0.155	−0.054	−0.138
	PV3	−0.006	0.011	−0.385	0.568	−0.238	0.250	0.101
SR	SR1	0.245	0.110	0.053	0.278	0.610	0.017	0.357
	SR2	0.233	−0.493	0.330	−0.356	0.582	−0.033	0.146
	SR3	0.317	0.483	0.079	0.229	0.567	0.113	−0.338
SV	SV2	0.161	−0.088	0.102	0.098	−0.190	0.524	0.029
	SV3	0.146	0.172	0.322	0.320	0.174	0.513	0.245
EnV	EnV1	−0.120	0.141	0.122	0.066	0.127	0.001	0.766
	EnV3	0.124	0.111	−0.014	−0.001	−0.155	−0.112	0.694
	EnV5	0.287	−0.350	0.099	0.377	0.237	0.177	0.668
特征根 λ 值		7.431	3.419	2.912	2.35	1.815	1.556	1.149
因子方差贡献量/%		25.527	11.092	9.871	7.125	6.754	5.118	4.431
累计方差贡献量/%		25.527	36.619	46.49	53.615	60.369	65.487	69.918

4.3　验证性因子分析

针对本章的研究设计，使用验证性因子分析（Confirmatory Factor Analysis，CFA），主要对替代机制中的各个因素概念进行进一步的评估，测量条款的信度和效度，是进行下一步假设检验的必要步骤。其中由于系统价值认知内部包含了多个因子维度，需要检验是否能够在多个维度上合成一个更大的概念。另外，其中包含的一阶因子太多，使模型看起来偏复杂，通过构建二阶模型，可以在一定程度上简化模型，释放自由度。系统风险认知仅分为两个方面的变量，但由于通过了 EFA，在本部分仅进行单维度的 CFA。消费行为意向在本部分也仅进行单维度的 CFA，主要的作用是通过 CFA 的效度检验，提高测度项的质量。

本部分主要采用结构方程进行统计分析，以获得变量之间的关系和结构。结构方程模型通过线性方程系统来说明测量变量和潜变量、潜变量之间的关系，是用于多元数据分析的统计方法。结构方程可以容许更大弹性的测量模型，同时估计因子结构和因子关系，容许自变量和因变量有测量误差，同时处理多个因变量，结构方程还可以估计整个模型的拟合度、评价不同模型。结构方程模型分为测量方程和结构方程两个部分，其中测量方程主要描述潜变量与观察指标之间的关系，属于 CFA；结构方程则是用于描述潜变量或者变量之间的关系。结构方程模型分析的主要步骤包括模型设定、模型识别、参数估计、模型评价及模型修正。本书所用研究方法涉及以上两个部分，在本章先进行验证性因子分析，后面章节将进行结构方程的检验和修正，以验证个体与汽车共享系统的互动视角下汽车共享消费绩效实现的机理模型。

其中模型评价和修正是结构方程方法的核心，需要参考相应的拟合指标，模型需要拟合的指标数值范围见表 4.26。

表 4.26　模型和相关指标及数值范围（吴明隆，2013）

<table>
<tr><th>拟合指数</th><th>统计检验量</th><th>适配的标准或临界值</th></tr>
<tr><td rowspan="4">绝对拟合指数</td><td>χ^2 值</td><td>显著性概率值 $P>0.1$，表示未达显著水平</td></tr>
<tr><td>NC 值</td><td>1 < NC < 3，表示模型有简约适配程度；NC > 5，表示模型需要修正</td></tr>
<tr><td>GFI 值</td><td>>0.90</td></tr>
<tr><td>RMSEC 值</td><td><0.05（适配良好）
<0.08（适配合理）</td></tr>
<tr><td rowspan="3">相对拟合指数</td><td>NFI 值</td><td>>0.90</td></tr>
<tr><td>IFI 值</td><td>>0.90</td></tr>
<tr><td>CFI 值</td><td>>0.90</td></tr>
</table>

除了要对模型整体拟合程度进行评估外，还应该对测量变量、潜变量的

信度和效度方面进行评价，以确保达到显著水平（Bollen，1989）。信度（Reliability）评价主要基于指标的信度评估和因子组合的信度评估，通过同样的方法对同一对象重复测量以获得可靠一致性高的结果，通常使用 α 信度系数测量。效度（Validity）是指所测量事物的结果可反映考察内容和特征的有效程度，是在研究中研究人员需要确保的潜变量达到可以使用的标准，分为内容效度、准则效度和结构效度。

内容效度指测量工具内容的适合性，准则效度指衡量工具是否足以显示所要测量变量的特质，结构效度指衡量工具是否能够测量到理论上的构想或特质的程度。为了达到以上效度，特别是前两个，一般通过访谈扎根方法或者文献理论分析来对测量题项的适合性和代表性进行评估。本书所有的变量以及测量的设置都是基于消费绩效理论、生态经济学理论、消费行为理论，并在相关利益相关者的访谈和讨论评价后进行修正和设置的，以保障和达到研究中需要的效度。

4.3.1 数据的收集和样本描述

本章的研究重点在于寻找和确定影响实现汽车共享消费过程的因子要素，通过问卷调查法获取数据，问卷采用网络和雪球（Snowball）的方式收集，基于 2017 年在上海市进行的汽车共享在线调查，探讨了参与汽车共享的消费行为影响机理机制。为了获得合适数据，在以下三方面做了工作：一是在问卷开始说明填写要求必须是获取驾照的对象，这是由于他们是主要的汽车购买潜在用户，对于相应的系统和消费绩效方面最具影响；二是由于是网络问卷，在问卷内容上设置多个前后一致性测试，以保证受访人的提供信息准确性；三是考虑到调研难度大，为保证调研的顺利进行和问卷的完成度，每份问卷答完后有一定数额的红包回馈。该问卷收集于 2017 年 11 月，最终网络访问次数为 1826 次，获得 918 份提交问卷，删除答题时间低于 100 秒、非上海地区答卷和题项选择单一的问卷，然后进一步删除问题前后不一致问卷后，得到有效问卷 602 份，问卷回收率为 32. 97%，达到研究有效性认定标准，样本描述统计见表 4. 27。

表 4.27 样本描述性统计

<table>
<tr><th rowspan="2">特征变量</th><th rowspan="2">分类</th><th colspan="2">合计（N=602）</th><th>上海市整体情况</th></tr>
<tr><th>频数</th><th>百分比/%</th><th>百分比/%</th></tr>
<tr><td rowspan="2">性别</td><td>男</td><td>359</td><td>59.6</td><td>51.50</td></tr>
<tr><td>女</td><td>243</td><td>40.4</td><td>48.50</td></tr>
<tr><td rowspan="5">年龄</td><td>18~25岁</td><td>145</td><td>24.1</td><td>—</td></tr>
<tr><td>26~30岁</td><td>183</td><td>30.4</td><td>—</td></tr>
<tr><td>31~40岁</td><td>159</td><td>26.4</td><td>—</td></tr>
<tr><td>41~50岁</td><td>97</td><td>16.1</td><td>—</td></tr>
<tr><td>51岁及以上</td><td>18</td><td>3</td><td>—</td></tr>
<tr><td rowspan="3">婚姻、生育状况</td><td>未婚</td><td>188</td><td>31.2</td><td>—</td></tr>
<tr><td>已婚无孩</td><td>52</td><td>8.6</td><td>—</td></tr>
<tr><td>已婚有孩</td><td>362</td><td>60.1</td><td>—</td></tr>
<tr><td rowspan="4">月收入</td><td>5000元及以下</td><td>176</td><td>29.3</td><td>—</td></tr>
<tr><td>5001~10000元</td><td>294</td><td>48.8</td><td>—</td></tr>
<tr><td>10001~20000元</td><td>112</td><td>18.6</td><td>—</td></tr>
<tr><td>20001元及以上</td><td>20</td><td>3.3</td><td>—</td></tr>
<tr><td rowspan="2">上海市户口</td><td>否</td><td>270</td><td>44.9</td><td>41.08</td></tr>
<tr><td>是</td><td>332</td><td>55.1</td><td>58.92</td></tr>
<tr><td rowspan="4">教育</td><td>高中或同等学历及以下</td><td>146</td><td>24.3</td><td>78.11</td></tr>
<tr><td>大专</td><td>148</td><td>24.6</td><td rowspan="3">21.89</td></tr>
<tr><td>本科</td><td>234</td><td>38.9</td></tr>
<tr><td>研究生</td><td>74</td><td>12.3</td></tr>
<tr><td rowspan="3">站点距离</td><td><1千米</td><td>213</td><td>35.4</td><td>—</td></tr>
<tr><td>1~2千米</td><td>283</td><td>47</td><td>—</td></tr>
<tr><td>>2千米或不清楚</td><td>106</td><td>17.6</td><td>—</td></tr>
<tr><td rowspan="2">是否有私家车</td><td>是</td><td>242</td><td>40.2</td><td>—</td></tr>
<tr><td>否</td><td>360</td><td>59.8</td><td>—</td></tr>
</table>

注：上海市整体情况数据来自2010年全国第6次人口普查、2017年上海市国民经济和社会发展统计公报和2021年上海市薪资水平报告（http://salarycalculator.sinaapp.com/report/上海）。

对上文提及的系统价值和风险认知的各变量测量条款的偏态、均值标准差和峰度等描述性统计如附表A.2所示（大样本数据的描述性统计）。在正态分布的测量中，标准为当偏度绝对值小于3，峰度绝对值小于10时，则认为该样本基本上服从正态分布，从而可以进行进一步的分析。在本次样本中，符合该标准，则认为其符合正态分布。

4.3.2 变量的验证性因子分析

4.3.2.1 系统风险认知的验证性因子分析

基于对系统价值认知的定义和测量，在小样本中通过了探索性因子分析。基于这一研究前提，在大样本下继续对多维度的价值动机和系统价值认知进行验证性的因子分析。利用 AMOS 软件，基于固定参数法，得到验证性因子分析的信度和效度分析结果（见表 4.28）。

表 4.28 系统价值认知测量模型参数估计

潜变量	潜变量测量条款	标准化系数	C. R.	*P*	组合信度
系统价值认知（*SVC*）	*PV*	0. 826	—	—	0. 933
	EV	0. 868	11. 899	***	
	EnV	0. 854	11. 438	***	
	SV	0. 836	12. 894	***	
	HV	0. 815	12. 543	***	
PV	*PV*1	0. 918	—	—	0. 895
	*PV*2	0. 916	21. 85	***	
	*PV*3	0. 857	21. 778	***	
EV	*EV*1	0. 79	—	—	0. 882
	*EV*2	0. 746	14. 341	***	
	*EV*3	0. 814	13. 441	***	
EnV	*EnV*1	0. 875	—	—	0. 743
	*EnV*3	0. 895	16. 179	***	
	*EnV*5	0. 772	16. 552	***	
SV	*SV*2	0. 891	—	—	0. 792
	*SV*3	0. 925	20. 696	***	
HV	*HV*1	0. 853	—	—	0. 857
	*HV*2	0. 945	21. 469	***	
	*HV*3	0. 906	26. 804	***	

续表

拟合优度指数（效度分析）：χ^2 = 193.862，df = 72，P = 0.135					
χ^2/df	GFI	NFI	IFI	CFI	RMSEA
2.693	0.916	0.947	0.957	0.966	0.075

注：在 AMOS 中，C.R. 值即临界比率，相当于 t 值；＊＊＊表示 $P<0.01$，＊＊表示 $P<0.05$，＊表示 $P<0.1$；拟合优度相关指数及数值范围参考表 4.26，下同。

多维度的系统价值认知测量模型是一个二阶的验证性因子分析模型，将原模型进一步修正为包含着多维价值动机的系统价值认知。从分析结果可以看出。

（1）从二阶变量分析可以看出，各维度对二阶变量的贡献都在较高的水平上，标准化系数均在 0.8 以上，并且具有很高的显著水平。在一阶变量的分析结果中，各观察变量的标准化系数都在 0.7 以上，并且具有很高的显著水平，表示观察变量的信度值很高。这些测量指标的变量可以有效反映潜变量所要包含的因素概念。二阶变量的组合信度达到了 0.9 以上，表明测量条目的整体信度较高、内部一致度较高。

（2）从模型的拟合指标上看，所有的拟合优度指数达到基本要求。其中，χ^2/df 为 2.693，表示模式有简约适配程度；$P=0.131>0.05$，未达到显著水平，表明测量模型协方差矩阵与实证资料的协方差矩阵之间未见有显著差异存在，数据质量较高。从绝对拟合优度指标上看，GFI 值为 0.916，大于接受值 0.9，RMSEA 值为 0.075，小于 0.05，说明模型适配良好；从相对拟合指标上看，NFI 值、IFI 值和 CFI 值均大于接受值 0.90。因此从整体上看，系统价值认知的因子模型拟合较好，可以接受。

4.3.2.2 系统风险认知的验证性因子分析

在对系统风险的定义和测量时，系统风险认知分为稀缺性风险认知和互惠性风险认知两个维度。基于这一研究前提，利用 AMOS 软件，基于固定参数法，在大样本下分别对稀缺性风险认知和互惠性风险认知进行验证性因子分析。所得结果见表 4.29 和表 4.30。

表 4.29　稀缺性风险认知测量模型参数估计

潜变量	潜变量测量条款	标准化系数	C. R.	P	组合信度
SR	*SR*1	0.890	—	—	0.922
	*SR*2	0.933	23.173	***	
	*SR*3	0.857	20.461	***	

拟合优度指数（效度分析）：$\chi^2 = 0$，$df = 0$，P 无法计算

χ^2/df	GFI	NFI	IFI	CFI	RMSEA
1.000	1.000	1.000	1.000	1.000	—

注：指标含义如表 4.28 所示。

表 4.30　互惠性风险认知测量模型参数估计

潜变量	潜变量测量条款	标准化系数	C. R.	P	组合信度
RR	*RR*1	0.684	—	—	0.818
	*RR*2	0.831	11.194	***	
	*RR*3	0.814	11.213	***	

拟合优度指数（效度分析）：$\chi^2 = 0$，$df = 0$，P 无法计算

χ^2/df	GFI	NFI	IFI	CFI	RMSEA
1.000	1.000	1.000	1.000	1.000	—

注：指标含义如表 4.28 所示。

由于这两个变量已经达到饱和模型，拟合优度指数（效度分析）：$\chi^2 = 0$，$df = 0$，即为完美模型。因此，因子模型完全拟合，可以接受。

4.3.2.3　消费行为意向的验证性因子分析

在汽车共享替代机制中，消费行为包括使用消费行为、协作消费行为和替代行为，通过前面章节的定义、测量和小样本分析，本部分利用 AMOS 软件，基于固定参数法，在大样本下分别对使用消费行为意向、协作消费行为意向和替代行为意向进行验证性因子分析。所得结果见表 4.31 至表 4.33。

表 4.31　使用消费行为意向测量模型参数估计

潜变量	潜变量测量条款	标准化系数	C. R.	P	组合信度
ACBI	*ACBI* 1	0.916	—	—	0.929
	ACBI 2	0.908	14.173	***	
	ACBI 3	0.889	13.961	***	

续表

拟合优度指数（效度分析）: $\chi^2=0$, $df=0$, P 无法计算					
χ^2/df	GFI	NFI	IFI	CFI	RMSEA
1.000	1.000	1.000	1.000	1.000	-

注：指标含义见表4.28

表 4.32　协作消费行为意向测量模型参数估计

潜变量	潜变量测量条款	标准化系数	C. R.	P	组合信度
RR	*RR*1	0.662	—	—	0.748
	*RR*2	0.678	7.194	***	
	*RR*3	0.659	6.213	***	
拟合优度指数（效度分析）: $\chi^2=0$, $df=0$, P 无法计算					
χ^2/df	GFI	NFI	IFI	CFI	RMSEA
1.000	1.000	1.000	1.000	1.000	—

注：指标含义见表4.28

表 4.33　替代行为意向测量模型参数估计

潜变量	潜变量测量条款	标准化系数	C. R.	P	组合信度
RR	*RR*1	0.737	—	—	0.761
	*RR*2	0.801	9.419	***	
	*RR*3	0.804	9.132	***	
拟合优度指数（效度分析）: $\chi^2=0$, $df=0$, P 无法计算					
χ^2/df	GFI	NFI	IFI	CFI	RMSEA
1.000	1.000	1.000	1.000	1.000	—

注：指标含义见表4.28

由于这三个变量已经达到饱和模型，拟合优度指数（效度分析）: $\chi^2=0$，$df=0$，即为完美模型。因此，因子模型完全拟合，可以接受。

4.4　本章小结

在对汽车共享消费绩效实现的替代机制进行假设检验之前，需要对机制内部相关概念进行定义和测量，并进行相应的信度和效度检验。基于此，本章首先对微观层面的替代机制模型所涉及的系统价值认知、系统风险认知和消费行为进行定义和测量，其中通过质化研究和相关文献分析将人们对汽车共享的系统价值认知分为绩效价值、经济价值、环境价值、社会价值和享乐价值，将系统风险认知分为稀缺性风险认知和互惠性风险认知，消费行为意向有使用消费行为意向、协作消费行为意向和替代消费行为意向。为了保证测量量表的信度和效度，通过小样本分析，发现了初始题项设置的问题，根据 CITC 指数、信度分析、删除不理想题项、探索性因子分析，最终确定测量题项；利用大样本数据，通过验证性因子分析确定了相关概念的测量，为微观层面上的模型提供了具有信度和效度的变量表达。

第5章

汽车共享消费绩效实现的替代机制实证研究

在微观层面，本书构建了基于消费绩效实现的替代机制模型，提出了微观视角下汽车共享消费绩效实现的总体假设 Ha：在实现消费绩效的微观层面，传统供给系统和汽车共享系统之间存在着替代关系，个体对汽车共享系统的价值认知将促进对其的消费和替代，对汽车共享系统的风险认知将阻碍对其的消费和替代。个体客观特征对以上关系具有调节作用。本章将根据上一章对替代机制中的概念来细化微观层面的研究假设，并进行实证研究。在实证方面，首先采用 Bootstrap 法验证汽车共享中的使用消费行为意向和协作消费行为意向在该机制中的中介作用；其次通过结构方程对模型中的关系进行检验及相应的模型修正；最后基于修正模型，检验个体客观因素对模型的调节作用。

5.1 研究假设

根据微观视角下汽车共享消费绩效实现的替代机制的总体假设，以及第 4 章中对于相关变量的定义，对总体假设进行细化，以建立起具体的、可验证的汽车共享消费绩效实现的替代机制。

5.1.1 系统价值认知与汽车共享消费行为意向之间的关系及假设

人们认知的改变对于分享系统的成功发展非常重要。人们行为偏好的变化来自三个方面：一是互联网通信技术和社会网络系统为分享活动提供便捷、快速及透明的基础（Schor and Fitzmaurice，2015）；二是社会正在转型，在一定程度上拥有不再被认为是个人身份和地位的象征，拥有带来的如行动不便、维护成本高、存储空间被占用等诸如此类的负担开始被人们考虑（Moeller and Wittkowski，2010；Lamberton and Rose，2012；Schaefers et al.，2015；Lawson et al.，2016）；三是现代生活方式产生的外部性，如城市拥堵、雾霾、气候变化等问题促使人们开始思考如何生活得更加舒适和生态友好（Kathan et al.，2016）。

多种研究成果验证了高价值认知会显著促进分享系统消费，并对原有供给消费系统产生替代作用。但是这往往是从不同维度的价值认知上进行考虑的。比如 Wirtz and Ehret（2009）认为分享系统价格低廉是吸引人们进行消费行为的主要原因；Lawson et al.（2016）研究了价格、环境、玩乐等分享系统给人们提供的价值动机对行为的正向影响，将系统价值认知进行具体的分类有利于对不同维度的价值驱动的理解，然而对于整个机制的理解作用有限。Lamberton and Rose（2012）和 Habibi（2016）直接利用系统的整体价值认知对人们选择分享系统的消费进行研究，得到了更加全面的结果。通过上一章的因子分析，本书将多维价值认知合并为系统价值认知。然而当前的研究缺乏对替代行为的实证，而这正是分享经济可持续发展的基础和消费绩效实现的重要保证。基于此，本书将系统价值认知定义为人们对于汽车共享系统给自己带来的总体的价值认识，并提出以下假设。

Ha1：在汽车共享场域下，人们对系统价值认知程度越高，则对汽车共享的使用消费行为意向越高。

Ha2：在汽车共享场域下，人们对系统价值认知程度越高，则对汽车共享的协作消费行为意向越高。

Ha3：在汽车共享场域下，人们对系统价值认知程度越高，则对汽车共享的替代消费行为意向越高。

5.1.2 系统风险认知与汽车共享消费行为意向之间的关系及假设

在基于实物分享的系统中，出现了物品拥有权和使用权的分离，这种分离使得以往习惯于拥有型消费的人们产生疑惑——他们应该怎样完成消费、对待共享资源。因此，在汽车共享系统中，由于拥有权和使用权的分离，使得企业、用户和物品之间的关系发生了巨大的变化（Bardhi and Eckhardt, 2012）。消费者通过低成本的、暂时的使用满足自己的需求，他们仅需要承担有限的责任，在这种情况下他们很有可能进行机会主义行为。共享物品很容易成为公共池塘物品而陷入“公地悲剧”，用户的责任心减低从而使各种不当行为出现，会对物品随意使用、偷盗、破坏或者“搭便车”，从系统中的漏洞获得好处（Fullerton and Punj, 2004）。而这些不当行为影响其他用户时，这种商业模式在实现消费绩效提升方面出现困难。目前针对分享经济消费方面着重在系统风险上面的研究比较少，最初由 Lamberton and Rose（2012）提出了在分享系统中存在的风险会影响人们对汽车共享的消费行为，然而 Habibi et al.（2016）在不同分享系统中对该模型进行验证后发现，人们对系统风险的感知并不显著影响他们的消费行为，这让研究者给系统风险的存在是否影响分享经济消费绩效的实现打上了问号。然而，风险的存在势必会让系统之间的替代发生困难。根据本书在前一章将系统风险认知定义为人们对汽车共享系统的风险的认识，包含稀缺性风险认知和互惠性风险认知，提出以下假设。

Ha4：在汽车共享场域下，人们对稀缺性风险认知和互惠性风险认知程度越高，则对汽车共享的使用消费行为意向越低。

Ha5：在汽车共享场域下，人们对稀缺性风险认知和互惠性风险认知程度越高，则对汽车共享的协作消费行为意向越低。

Ha6：在汽车共享场域下，人们对稀缺性风险认知和互惠性风险认知程度越高，则对汽车共享的替代消费行为意向越低。

5.1.3 消费行为意向的关系假设

根据第 4 章对消费行为及其意向的定义和测量，将消费行为意向分为使用消费行为意向、协作消费行为意向和替代消费行为意向，其最终的因变量为替代消费行为。研究表明，汽车共享消费会产生替代消费行为，从而发生消费绩效的提升。具体来看，由于汽车共享的存在而不再消费私人汽车，甚至将已有的私人汽车卖掉；由于汽车共享作为接驳而增加公共和低碳交通（步行、自行车）的使用行为。Leismann et al.（2013）认为仅依靠“使用而非拥有”理念的消费行为和分享经济实践并不足以支持可持续消费生态绩效的提升，而是需要一定路径上的发展和保障。Demailly and Novel（2014）提出了使分享经济保持可持续性的三个因素：一是分享物品本身是可持续性的，如通过分享将减少物品生产数量；二是运输方式的优化，即在较短距离内实现，减少长途货物运输；三是依赖于消费模式的转型所形成的对原有消费模式的替代作用。由于在城市环境中，人们的出行需求属于比较固定的需求，不太容易变化，那么新型交通供给方式的出现对出行消费行为的直接或者间接影响说明了它的可持续潜力。因此，相应的替代消费行为变化会对汽车共享的消费绩效具有显著影响作用。

同时，在对汽车共享消费上，存在着使用消费行为和协作消费行为，根据本书第 4 章的定义，它们之间存在一定的重叠，但是协作消费行为是更加有意识的和正确的消费方式，是保证系统可持续能力的基础。然而，它的发生可能是由所认识到的价值引发的，也可能是采纳了使用消费行为而引发的（Lan et al.，2017），因此在汽车共享中使用消费行为可能会导致协作消费行为的发生。

综上所述，汽车共享系统对个体行为的影响具有两种发展路径，可以促进实现更高的可持续绩效：一是从使用消费行为和协作消费行为到替代消费行为，体现了对现有消费系统的替代作用；二是从使用消费行为到协作消费行为，实现“非拥有”消费到有意识地协作消费。由于无法观察到消费者的行为，本书以消费意向表示消费行为（Ajzen，1991），提出假设如下。

Ha7：在汽车共享场域下，人们的使用消费行为意向越高，则汽车共享的替代消费行为意向越高。

Ha8：在汽车共享场域下，人们的协作消费行为意向越高，则汽车共享的替代消费行为意向越高。

Ha9：在汽车共享场域下，人们的使用消费行为意向越高，则对汽车共享的协作消费行为意向越高。

另外，人们认识到系统给自己带来的价值和风险，参与系统消费，进而产生影响，最终可以提高消费绩效的替代消费，因此本书将使用消费和协作消费定义为实现最终替代消费的中间过程，由此得到如下假设：

Ha10：在汽车共享场域下，汽车共享的使用消费行为意向和协作消费行为意向是系统价值认知和系统风险认知到替代行为意向的中介变量。

5.1.4 个体客观特征对替代机制的调节作用假设

在汽车共享中，个体客观特征分为个体特征和获取特征。从个体特征来看，不同的社会群体对汽车共享消费可能具有不同的需求特点，Lawson et al.（2016）通过研究不同动机因素对人们态度形成以及行为发生具有不同的权重影响，说明不同细分市场所代表的人口属性是不同的。具体来看，首先考虑年龄对汽车共享行为的影响，年龄较长者由于更加实际（Lawson et al.，2016），在进行相应行为时会更加地谨慎，会更加考虑系统价值和风险。相对来说年轻人对新的生活和消费模式的接受能力更高（Böcker and Meelen，2017）。关于性别，环境心理学的研究一致认为，女性比男性更具有环保意识，因此女性在参与分享经济的过程中表现出更高的环境价值动机，但也会谨慎考虑参与汽车共享，正如 Hellwig et al.（2015）在分享理想主义者群体中发现女性（67%）对环保动机的过度表现，但是风险是女性所厌恶的，因此她们可能对汽车共享消费具有较为强烈的环境价值感知和保持审慎的消费行为。相比来说男性对风险因素的感知程度不同，因而男性对汽车共享的接受程度更高。另外高收入人群和高学历人群更能接受新生事物和绿色的生活方式（Shen and Saijo，2008），因此具备年轻、男性、教育程度高、中高收入特征的消费者可能会更加容易受到汽车共享系统的影响。家庭类型显示了不同的社会联系方式（Li et al.，2005），因此某些家庭，比如单身状态，在分享经济参与方面比其他人表现得更加积极，而有孩子的家庭类型则相对更加偏重传统的生活方式和消费模式。此外，本书预计低收入群体在经济上更有动力加入汽车共享，汽车共享可以为这些人提供他们以前无法拥有的商品和服务，共享有助于避免高所有权成本。Fraiberger and Sundararajan（2015）认为分享经济的大部分福利收益将由低收入群体获得。

从人们的获取特征来看，是否有私家车是个体拥有车辆的客观情况。根据行为经济学的禀赋效应（Endowment Effect），在人们拥有一件东西之后，会倾向于认为自己拥有的事物比别人拥有的同样的事物更有价值，而看重新型系统内部的风险，因此有车人士可能会影响对于汽车共享系统的价值认知和风险认知，以及影响相应的行为。距离站点的距离指的是经常出入的地点距离最近汽车共享站点的远近，Lindloff et al.（2014）验证了与汽车共享基础设施的距离对相应的消费行为具有影响，越远越不会产生行为，同时表明汽车共享对这些人群的价值和风险认知是不敏感的。

综上所述，本书提出以下假设。

Ha11：在汽车共享场域下，人们的个体特征如年龄、性别、家庭情况、收入、教育等会对替代机制产生调节作用。

Hb12：在汽车共享场域下，人们的获取特征如私家车、站点距离会对替代机制产生调节作用。

5.1.5 替代机制的理论假设模型

根据上文的分析和假设构建汽车共享消费绩效实现的替代机制的理论模型，如图 5.1 所示。

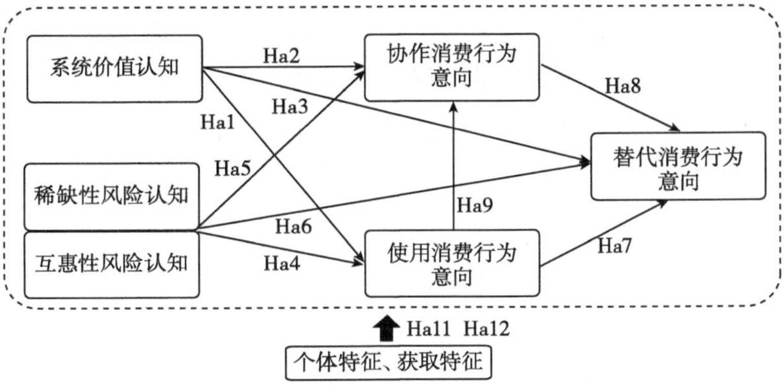

图 5.1 替代机制的理论假设模型

5.2 中介作用的检验

中介作用是研究事物关系的重要因素，是模型作用的重要理论机制，有助于从理论和实务的角度调整和控制事物发展的方向，也有助于寻找更加直接和主要的前置因素（许水平和尹继东，2014）。当自变量通过变量 M 对因变量 Y 产生影响时，则将 M 改为中介变量。中介变量是自变量和因变量因果过程中的重要环节，进行中介效应分析的前提在于变量之间存在着理论上或者实际上的因果关系，自变量和因变量之间的关系存在着直接效应、中介效应和总效应，中介变量的检验和分析就是为了识别其中的直接效应和间接效应（温忠麟 等，2005）。在本书的模型设置中，将汽车共享使用消费行为意向和汽车共享协作消费行为意向作为影响系统价值认知、风险认知和替代消费行为意向之间的中介变量，自变量为系统价值认知和系统风险认知，因变量为替代消费行为意向。在运用结构方程建模方法检验理论和假设检验之前，首先应对模型中的中介变量存在的合理性进行检验。

常见的中介效应的检验方法有 4 种，即因果分析法、系数相乘法、Bootstrap 法和乘积分布法（Mackinnon et al.，2002）。因果分析法有三个步骤，第一步检验自变量和因变量的总效应，第二步检验自变量对中介变量的作用，第三步检验中介变量与因变量之间的效应。该方法容易理解，但是备受诟病。Mackinnon et al.（2002）认为该方法并没有对中介效应的显著性进行检验，在众多的检验方法中统计功效最小。系数相乘法加强了因果分析法对显著性的要求，但是它要求中介效应的抽样分布服从正态，让它的推广和应用充满了挑战。Bootstrap 法和乘积分布法是目前流行的检验方法，克服了前两种方法的问题，特别是在近几年的研究中经常使用 Bootstrap 法（许水平和尹继东，2014），通过自举法计算产生经验分布，可解决总体分布不确定的问题。由于 Bootstrap 技术从统计思想和应用上都得到了广泛的认同，本书做中介效应的检验时采用该方法。

在进行检验研究之前，需要对各变量进行描述性统计和相关分析。见表5.1，系统价值认知、系统风险认知、使用消费行为意向、协作消费行为意向和替代消费行为意向之间显著相关。根据所设模型，本书的中介效应为多重中介效应，指的是在自变量和因变量之间存在多个起作用的中介变量。具体方法参考柳士顺（2009）的多重中介模型分析过程，分别以系统价值认知、系统风险认知的两个因素为因变量，以使用消费行为意向和协作消费行为意向为并行的中介变量，以替代消费行为意向为因变量，采用多层回归方法以及偏差校正非参数百分位 Bootstrap 法对使用消费行为意向和协作消费行为意向的多重中介效应进行估计和分析。本部分采用 SPSS 软件以及其中由 Preacher 和 Hayes 编制的 Process 插件进行数据分析，该插件可帮助对中介效应进行非参数 Bootstrap 法检验，进行重复抽样 5000 次，计算各路径中介效应 95% 的偏差校正置信区间，如果不包括 0 则说明相应的中介效应显著（Hayes，2015）。

表 5.1　描述性统计和相关分析

变量	*M*	*SD*	*SVC*	*SR*	*RR*	*ACBI*	*CCBI*	*SBI*
SVC	3.919	0.729	(0.933)	—	—	—	—	—
SR	4.003	0.867	0.366 **	(0.922)	—	—	—	—
RR	3.256	0.951	0.178 *	0.349 **	(0.818)	—	—	—
ACBI	4.08	0.883	0.743 **	0.382 **	0.146 *	(0.929)	—	—
CCBI	3.779	0.877	0.691 **	0.419 **	0.131 *	0.559 **	(0.748)	—
SBI	3.814	1.208	0.424 **	0.165 **	0.257 **	0.520 **	0.306 **	(0.761)

注：* * * 表示 $P<0.01$；* * 表示 $P<0.05$；* 表示 $P<0.1$；SVC 为系统价值认知，SR 为稀缺性风险认知，RR 为互惠性风险认知，ACBI 为使用消费行为意向，CCBI 为协作消费行为意向，SBI 为替代消费行为意向（下同）；括号内为相应潜变量的 α 系数。

为了直观地验证中介变量的作用，了解每一个自变量与因变量之间的中介变量作用方式，本部分分别通过系统价值认知、系统风险认知中的两个风险认知（稀缺性风险认知和互惠性风险认知），对因变量的多重中介作用进行分析和检验。

5.2.1　系统价值认知自变量下的多重中介效应结果

为了实现对该模型的分析，首先进行多层回归分析方法，得到相应的回归方程、其系数、标准误和 t 值。系统价值认知自变量下的多重中介模型回归结果见表 5.2。其中回归方程 1 的结果说明，系统价值认知可以显著正向影响替代消费行为意向水平，对替代消费行为意向的总效应显著。回归方程 2 的结果说明，系统价值认知可以显著正向预测使用消费行为意向和协作消费行为意向。回归方程 3 的结果说明，使用消费行为意向和协作消费行为意向对替代消费行为意向水平具有显著的正向激励作用。当系统价值认知和使用消费行为意向、协作消费行为意向同时进入回归方程时，系统价值认知对替代消费行为意向作用依然显著，说明它们之间存在显著的直接影响。

表 5.2　系统价值认知自变量下的多重中介模型的回归结果

项目	回归方程	标准误 S. E.	t	*P*
回归方程 1	$SBI = 0.152 \times SVC$	0.141	3.075	**
回归方程 2	$ACBI = 0.901 \times SVC$	0.047	19.216	***
	$CCBI = 0.832 \times SVC$	0.050	16.545	***
回归方程 3	$SBI = 0.152 \times SVC$	0.141	2.934	**
	$+ 0.629 \times ACBI$	0.102	6.198	***
	$+ 0.202 \times CCBI$	0.095	3.213	**

注：参见表 5.1 注。

多重中介效应 Bootstrap 的检验结果显示（见表 5.3），系统价值认知和替代消费行为意向的多重中介作用的偏差校正 95% 置信区间为（0.230，0.791），区间不包括 0，说明显著存在多重中介效应。从单个中介变量来看，使用消费行为意向的偏差校正 95% 置信区间为（0.385，0.763），协作消费行为意向的偏差校正 95% 置信区间为（0.177，0.191），区间不包括 0，说明个别中介效应都是显著的。

表 5.3　系统价值认知自变量下的多重中介效应 Bootstrap 检验结果

路径分析	间接效应估计	标准误 S. E.	偏差校正 95% 置信区间	
			上限	下限
SVC→ACBI→SBI	0.550	0.098	0.385	0.763
SVC→CCBI→SBI	0.168	0.090	0.177	0.191
Total effect	0.718	0.124	0.230	0.791

5.2.2　稀缺性风险认知自变量下的多重中介效应结果

为了实现对该模型的分析，首先进行多层回归分析方法，得到相应的回归方程、其系数、标准误和 t 值。稀缺性风险认知自变量下的多重中介模型回归结果见表 5.4。其中回归方程 1 的结果说明，稀缺性风险认知可以负向影响替代消费行为意向水平，但对替代消费行为意向的总效应不显著。回归方程 2 的结果说明，稀缺性风险认知可以显著负向预测使用消费行为意向和协作消费行为意向。回归方程 3 的结果说明，当稀缺性风险认知和使用消费行为意向、协作消费行为意向同时进入回归方程时，稀缺性风险认知对替代消费行为意向作用不显著，说明它们之间并不存在显著的直接作用；使用消费行为意向对替代消费行为意向水平具有显著的正向作用；协作消费行为意向对替代消费行为意向水平并未存在显著关系。

表 5.4　稀缺性风险认知自变量下的多重中介模型的回归结果

项目	回归方程	标准误 S. E.	t	P
回归方程 1	$SBI = -0.681 \times SR$	0.077	−0.880	—
回归方程 2	$ACBI = -0.389 \times SR$ $CCBI = -0.424 \times SR$	0.054 0. 05	−17.151 −7.976	*** ***
回归方程 3	$SBI = -0.068 \times SR$ $+0.709 \times ACBI$ $+0.051 \times CCBI$	0.0774 0.083 0.0853	−0.880 8.516 0.592	***

注：参见表 5.1 注。

多重中介效应 Bootstrap 的检验结果显示（见表 5.5），稀缺性风险认知和替代行为意向的多重中介作用的偏差校正 95% 置信区间为（0.168，0.457），区间不包括 0，说明显著存在多种中介效应。从单个中介变量来看，*AR→ACBI→SBI* 路径的偏差校正 95% 置信区间为（0.156，0.426），区间不包括 0，说明显著存在使用消费行为意向的中介效应；*AR→CCBI→SBI* 路径的偏差校正 95% 置信区间为（−0.055，0.102），区间包括 0，说明不存在协作消费行为意向的中介效应。

表 5.5　稀缺性风险认知自变量下的多重中介效应 Bootstrap 检验结果

路径分析	间接效应估计	标准误 S. E.	偏差校正 95% 置信区间	
			上限	下限
AR→ACBI→SBI	−0.276	0.074	0.156	0.426
AR→CCBI→SBI	−0.021	0.069	−0.055	0.102
Total effect	−0.297	0.039	0.168	0.457

5.2.3　互惠性风险认知自变量下的多重中介效应结果

为了实现对该模型的分析，首先进行多层回归分析方法，得到相应的回归方程、其系数、标准误和 t 值（见表 5.6）。互惠性风险认知变量下的多重中介模型回归结果见表 5.6。其中回归方程 1 的结果说明，互惠性风险认知可以负向影响替代消费行为意向水平，但对替代消费行为意向的总效应不显著。回归方程 2 的结果说明，互惠性风险认知可以显著负向预测使用消费行为意向和协作消费行为意向。回归方程 3 的结果说明，当互惠性风险认知和使用消费行为意向、协作消费行为意向同时进入回归方程时，互惠性风险认知对替代消费行为意向作用不显著，说明它们之间并不存在显著的直接作用；使用消费行为意向对替代消费行为意向水平具有显著的正向作用；协作消费行为意向对替代消费行为意向水平并未存在显著关系。

表 5.6　互惠性风险认知自变量下的多重中介模型的回归结果

项目	回归方程	标准误 S. E.	t	*P*
回归方程 1	*SBI* = −0.262 × *RR*	0.637	−0.411	—
回归方程 2	*ACBI* = −0.136 × *RR* *CCBI* = −0.121 × *RR*	0.053 0.053	−2.56 −2.290	** **
回归方程 3	*SBI* = −0.026 × *RR* +0.697 × *ACBI* +0.033 × *CCBI*	0.082 0.082 0.064	−0.411 8.504 0.394	***

注：参见表 5.1 注。

多重中介效应 Bootstrap 的检验结果显示（见表 5.7），互惠性风险认知和替代消费行为意向的多重中介作用的偏差校正 95% 置信区间为（0.011，0.213），区间不包括 0，说明显著存在多种中介效应。从单个中介变量来看，*RR*→*ACBI*→*SBI* 路径的偏差校正 95% 置信区间为（0.111，0.202），区间不包括 0，说明显著存在使用消费行为意向的中介效应；*RR*→*CCBI*→*SBI* 路径的偏差校正 95% 置信区间为（−0.016，0.037），区间包括 0，说明不存在协作消费行为意向的中介效应。

表 5.7　互惠性风险认知自变量下的多重中介效应 Bootstrap 检验结果

路径分析	间接效应估计	标准误 S. E.	偏差校正 95% 置信区间	
			上限	下限
RR→*ACBI*→*SBI*	−0.095	0.126	0.111	0.202
RR→*CCBI*→*SBI*	−0.004	0.483	−0.016	0.037
Total effect	−0.099	0.051	0.011	0.213

通过以上的验证分析，可以得出以下结论：使用消费行为意向和协作消费行为意向在理论模型中具有多重中介作用。具体来看，系统价值认知通过使用消费行为意向和协作消费行为意向两条路径对替代消费行为意向起作用，

同时存在系统价值认知到替代消费行为意向的直接显著作用，使用消费行为意向和协作消费行为意向在其中对该路径起着部分中介作用；另外，在稀缺性风险认知和互惠性风险认知的路径上，仅通过使用消费行为意向对替代消费行为意向起作用，协作消费行为意向并不起作用，同时稀缺性风险认知和互惠性风险认知并不对替代消费行为意向起直接显著作用，因此使用消费行为意向充当了完全中介作用。该部分的研究结果说明了，提高汽车共享消费的参与将有效地实现对原有汽车拥有型消费的替代。然而，本部分为了简化研究，将三个因变量分开讨论，没有考虑到整个模型。下一部分将对整个模型进行结构方程检验，该部分的结果将为选择理论模型的替代模型提供参考。

5.3 基于结构方程模型的假设检验

本部分基于结构方程模型对理论假设模型（见图 5.1）的假设进行检验，结构方程建模的分析步骤是：确定理论基础、进行模型设定、进行模型识别、选择测量条款与资料收集、模型估计、模型评价、模型修正以及对模型结果进行解释（黄芳铭，2005）。由于前文已经对前 4 个步骤进行了论述，因此本部分主要就后面的 4 个步骤进行实证检验和分析说明。

5.3.1 模型参数估计与评估

运用统计软件 Amos 对理论模型的相关参数进行估计，具体结果见表 5.8。

表 5.8 理论模型参数估计结果

假设	变量间关系	标准化路径系数	S. E.	C. R.	*P*	假设是否成立
Ha1	系统价值认知→使用消费行为意向	0.853	0.061	14.006	***	成立
Ha2	系统价值认知→协作消费行为意向	0.777	0.084	9.239	***	成立
Ha3	系统价值认知→替代消费行为意向	0.293	0.108	2.708	***	成立
Ha4	稀缺性风险认知→使用消费行为意向	-0.088	0.042	-2.121	**	成立
	互惠性风险认知→使用消费行为意向	-0.081	0.048	-1.71	*	成立

续表

假设	变量间关系	标准化路径系数	S. E.	C. R.	P	假设是否成立
Ha5	稀缺性风险认知→协作消费行为意向	-0.173	0.044	-2.892	***	成立
	互惠性风险认知→协作消费行为意向	0.04	0.05	0.79	—	不成立
Ha6	稀缺性风险认知→替代消费行为意向	-0.037	0.052	-1.705	**	成立
	互惠性风险认知→替代消费行为意向	-0.019	0.058	-0.323	—	不成立
Ha7	使用消费行为意向→替代消费行为意向	0.351	0.078	4.486	***	成立
Ha8	协作消费行为意向→替代消费行为意向	0.25	0.07	3.71	***	成立
Ha9	使用消费行为意向→协作消费行为意向	-0.016	0.065	-0.249	—	不成立

χ^2 =414.092	df =265	χ^2/df =1.562	GFI =0.837
RMSEA =0.073	NFI =0.822	IFI =0.832	CFI =0.864

注：在 Amos 中，C. R. 值即为临界比值，相当于 t 值。其他表示含义见表 5.1 注。

从本部分的研究理论模型进行的结构方程分析结果来看，根据绝对拟合指标，GFI 为 0.837，低于标准要求 0.9，RMSEA 为 0.073，小于最高上限 0.08；基于相对拟合指标，NFI 为 0.822，IFI 为 0.832，接近 0.9 的标准要求，CFI 为 0.864，稍低于 0.9 的标准要求。整体来看，理论模型基本符合要求，为了验证是否存在达到更好拟合优度的模型，有必要对原有理论模型进行一定程度的调整和比较。

5.3.2 模型比较

侯杰泰 等（2004）指出了结构模型之间的比较原则，认为比较的模型最好是可以相互嵌套的，以保证模型之间的可比较性，但也可以对非嵌套模型进行对比；同时模型中包含的变量和关系之间是否具有理论合理性，是更要考虑的问题，不能随意对模型进行修正，比较模型的修正应该是基于理论的。对于比较模型的选择，主要通过增加关系或者减少关系来进行，由于原模型变量之间的关系已经足够，因此本书主要是通过减少关系来获得比较模型。首先，在原模型的基础上，删除不显著的路径关系，由此得到模型 A；其次，根据中介变量验证部分的建议，删除被验证没有关系的中介效应，由此得到模型 B。

通过统计软件 Amos，对比较模型 A 中的相关参数进行估计，路径系数都达到了显著水平（见表 5.9）。根据绝对拟合指标，GFI 为 0.927，达到标准要求 0.9，RMSEA 为 0.047，进入适配良好区间，删除不显著的假说关系后，比理论模型中的指标都有所提高；根据相对拟合指标的指数要求，NFI 为 0.907，IFI 为 0.943，超过了 0.9 的标准要求，CFI 为 0.885，仍稍低于 0.9 的标准要求。从整体来看，比较模型 A 的拟合程度有所提高。同时，该模型也验证了使用消费行为意向和协作消费行为意向的中介作用，只不过使用消费行为意向仍然是系统价值认知、稀缺性风险认知和互惠性风险认知的中介变量，协作消费行为意向是系统价值认知和稀缺性风险认知的中介变量。

表 5.9　比较模型 A 的分析结果

变量间关系	标准化路径系数	S. E.	C. R.	*P*
中介变量与因变量的相互影响				
使用消费行为意向→替代消费行为意向	0.348	0.077	4.497	***
协作消费行为意向→替代消费行为意向	0.049	0.07	1.705	*
自变量对中介变量的影响				
系统价值认知→使用消费行为意向	0.852	0.061	14.011	***
稀缺性风险认知→使用消费行为意向	-0.089	0.042	-2.133	**
互惠性风险认知→使用消费行为意向	-0.08	0.048	-1.38	*
系统价值认知→协作消费行为意向	0.759	0.06	12.689	***
稀缺性风险认知→协作消费行为意向	-0.184	0.044	-4.182	***
自变量对因变量的影响				
系统价值认知→替代消费行为意向	0.296	0.107	2.774	***
稀缺性风险认知→替代消费行为意向	-0.043	0.053	-1.811	**

χ^2 =410.795	df =269	χ^2/df =1.524	GFI=0.927
RMSEA =0.047	NFI=0.907	IFI=0.943	CFI=0.885

注：在 Amos 中，C. R. 值即为临界比值，相当于 t 值。其他表示含义见表 5.1 注。

继续对比较模型 B 中的相关参数进行估计，该模型根据上一部分非参数估计 Bootstrap 法的建议，将模型路径进行了重新整理。通过结构方程的计算，该模型的路径系数都达到了显著水平（见表 5.10）。根据绝对拟合指标，GFI 为 0.907，达到标准要求 0.9，RMSEA 为 0.051，进入适配良好区间，比理论模型中的指标都有所提高；根据相对拟合指标的指数要求，NFI 为 0.902，IFI

为0.932，超过了0.9的标准要求，CFI为0.873，仍稍低于0.9的标准要求。从整体来看，比较模型B与理论模型相比的拟合程度有所提高。

表5.10 比较模型B的分析结果

变量间关系	标准化路径系数	S.E.	C.R.	*P*
中介变量与因变量的相互影响				
使用消费行为意向→替代消费行为意向	0.348	0.077	4.496	***
协作消费行为意向→替代消费行为意向	0.047	0.068	1.685	*
自变量对中介变量的影响				
系统价值认知→使用消费行为意向	0.856	0.061	14.059	***
稀缺性风险认知→使用消费行为意向	-0.079	0.042	-1.299	*
互惠性风险认知→使用消费行为意向	-0.08	0.048	-1.18	*
系统价值认知→协作消费行为意向	0.837	0.063	13.296	***
自变量对因变量的影响				
系统价值认知→替代消费行为意向	0.3	0.11	2.737	***

χ^2 =429.434	df =268	χ^2/df =1.601	GFI=0.907
RMSEA=0.051	NFI=0.902	IFI=0.932	CFI=0.873

注：在Amos中，C.R.值即为临界比值，相当于t值。其他表示含义见表5.1注。

将以上模型的拟合优度指数进行比较后发现，比较模型A在各指标上都优于理论模型和比较模型B（比较结果见表5.11）。比较模型A是基于整体模型进行的路径辨别，可以考虑测量误差、多个回归模型同时成立等情况，比较模型B是基于单一做回归方程辨别的变量关系，但是由于它不涉及整体拟合指标的达标问题，所以可以将其作为中介变量检验和了解变量之间关系的方法。基于结构方程模型，研究发现比较模型A在各拟合指数方面更优，将在后续将其作为分析的基准模型。

表5.11 结构方程模型比较结果

类别	χ^2/df	RMSEA	GFI	NFI	IFI	CFI
理论模型	1.562	0.073	0.837	0.822	0.832	0.864
比较模型A	1.524	0.047	0.927	0.907	0.943	0.885
比较模型B	1.601	0.051	0.907	0.902	0.932	0.873

5.3.3 实证结果

根据理论模型的结果，分析相关假设验证情况。本部分研究对假设关系成立的检验标准是：①如果路径系数显著性水平小于0.05，则为显著，假设成立；②如果路径系数显著性水平小于0.1，则为弱显著，假设部分成立；③如果路径系数显著性水平大于0.1，则为不显著，假设不成立；④如果路径系数在显著或者弱显著情况下与原假设相反，则假设关系为负相关。

Ha1：在汽车共享场域下，人们对系统价值认知程度越高，则对汽车共享的使用消费行为意向越高。检验结果表明，该假设通过了理论模型结构方程分析，路径系数达到0.853，且在0.01的水平下显著，假设Ha4成立。由此可见，人们认为汽车共享系统的各方面价值越高，越与他们的价值相一致，则越有可能使用汽车共享服务。

Ha2：在汽车共享场域下，人们对系统价值认知程度越高，则对汽车共享的协作消费行为意向越高。检验结果表明，该假设通过了理论模型结构方程分析，路径系数达到0.777，且在0.01的水平下显著，假设Ha5成立。由此可见，人们认为汽车共享系统的各方面价值越高，越与他们的价值相一致，则越有可能为汽车共享系统提供协作消费支持，越会去维护系统。

Ha3：在汽车共享场域下，人们对系统价值认知程度越高，则对汽车共享的替代消费行为意向越高。检验结果表明，该假设通过了理论模型结构方程分析，路径系数达到0.293，且在0.01的水平下显著，假设Ha6成立。由此可见，人们认为汽车共享系统的各方面价值越高，越与他们的价值相一致，则越有可能将汽车共享服务作为拥有型消费的替代品，不去购买汽车或者减少使用私人汽车，并为低碳交通提供支持。

Ha4：在汽车共享场域下，人们对系统风险认知的程度越高，则对汽车共享的使用消费行为意向越低。由于将系统风险认知分为了稀缺性风险认知和互惠性风险认知分别进行考虑，发现该假设基本成立。

在汽车共享场域下，人们对稀缺性风险认知的程度越高，则对汽车共享的使用意向越低。检验结果表明，该假设通过了理论模型结构方程分析，路径系数达到-0.088，且在0.05的水平下显著。由此可见，人们认为汽车共享系统可能出现的稀缺性问题越严重，则越有可能不使用汽车共享服务。

在汽车共享场域下，人们对互惠性风险认知的程度越高，则对汽车共享的使用意向越低。检验结果表明，该假设通过了理论模型结构方程分析，路

径系数达到 -0.081，且在0.1的水平下显著。由此可见，人们认为汽车共享系统可能出现的互惠性问题越严重，对他们使用汽车共享服务就越产生一定的影响。

Ha5：在汽车共享场域下，人们对系统风险认知的程度越高，则对汽车共享的协作消费行为意向越低。由于将系统风险认知分为了稀缺性风险认知和互惠性风险认知分别进行考虑，发现该假设部分成立。

在汽车共享场域下，人们对稀缺性风险认知的程度越高，则对汽车共享的协作消费行为意向越低。检验结果表明，该假设通过了理论模型结构方程分析，路径系数达到 -0.173，且在0.01的水平下显著。由此可见，人们认为汽车共享系统可能出现的稀缺性问题越严重，则越不可能为汽车共享系统提供协作消费支持。

在汽车共享场域下，人们对互惠性风险认知的程度越高，则对汽车共享的协作消费行为意向越低。检验结果表明，该假设通过了理论模型结构方程分析，路径系数为0.04，且在0.1的水平下不显著。由此可见，汽车共享系统可能出现的互惠性问题越严重，则对人们提供协作消费支持越没有作用，反而可能会对系统产生更加严重的破坏。

Ha6：在汽车共享场域下，人们对系统风险认知的程度越高，则对汽车共享的替代消费行为意向越低。由于将系统风险认知分为了稀缺性风险认知和互惠性风险认知分别进行考虑，发现该假设部分成立。

在汽车共享场域下，人们对稀缺性风险认知的程度越高，则对汽车共享的替代消费行为意向越低。检验结果表明，该假设通过了理论模型结构方程分析，路径系数达到 -0.037，且在0.01的水平下显著。由此可见，人们认为汽车共享系统可能出现的稀缺性问题越严重，则越不可能认为汽车共享系统可以替代原有的消费系统。

在汽车共享场域下，人们对互惠性风险认知的程度越高，则对汽车共享的替代消费行为意向越低。检验结果表明，该假设通过了理论模型结构方程分析，路径系数达到 -0.019，且在0.1的水平下不显著。由此可见，人们认为汽车共享系统可能出现的互惠性问题，并不是产生替代消费行为的直接原因。

Ha7：在汽车共享场域下，人们的使用消费行为意向越高，则汽车共享的替代消费行为意向越高。检验结果表明，该假设通过了理论模型结构方程分析，路径系数达到 0.351，且在 0.01 的水平下不显著，假设 Ha1 成立。由此可见，让人们参与汽车共享消费，产生对拥有型消费的替代作用，促使人们不购买汽车或者减少使用私人汽车，并为低碳交通提供支持。

Ha8：在汽车共享场域下，人们的协作消费行为意向越高，则汽车共享的替代消费行为意向越高。检验结果表明，该假设通过了理论模型结构方程分析，路径系数达到 0.25，且在 0.01 的水平下显著，假设 Ha2 成立。由此可见，人们对汽车系统的供给和管理意向会产生积极的替代作用，即加强消费理念的更新会促使人们不购买汽车或者减少使用私人汽车，并为低碳交通提供支持。

Ha9：在汽车共享场域下，人们的使用消费行为意向越高，则对汽车共享的协作消费行为意向越高。检验结果表明，该假设通过了理论模型结构方程分析，路径系数为 -0.016，且在 0.1 的水平下不显著，假设 Ha3 不成立。由此可见，人们对汽车共享系统的使用并不必然产生相应的协作消费行为，提示必须从根本加强消费理念的更新。

5.4 调节变量对模型的影响作用分析

调节效应指的是影响因变量 Y 和自变量 X 关系强度和方向的变量，即变量 Y 与变量 X 的关系是变量 M' 的函数（用 M' 与中介变量的表达区分），$Y = f(X, M') + \varepsilon$ 。调节变量 M' 通常不受因变量和自变量的影响，但可以通过自变量影响因变量，属于客观机制或者情景。根据自变量和调节变量的性质，可以分为以下 4 种情况：自变量和调节变量均为类别变量；自变量和调节变量均为连续变量；自变量为类别变量，调节变量为连续变量；自变量为连续变量，调节变量为类别变量（温忠麟 等，2005）。具体实施检验过程时，应根据自变量和调节变量的性质进行计算，可参照表 5.12。根据温忠麟 等（2005）对调节效应分析方法的说明，如果调节变量是类别的而自变量是连续的，则可以对自变量进行分组回归，按照调节变量的取值分组，若回归系数的差异显著，则调节效应显著。

表 5.12 调节变量的分析机理

调节变量（M'）	自变量（X）	
	类别	连续
类别	两因素有交互效应的方差分析（ANOVA），交互效应即调节效应	分组回归：按 M' 的取值分组，做回归。若回归系数的差异显著，则调节效应显著
连续	将自变量和调节变量中心化，做 $Y = \alpha X + \beta M' + \gamma XM' + \varepsilon$ 的层次回归分析： ①做 Y 对 X 和 M' 的回归，得测定系数 R_1^2； ②做 Y 对 X、M' 和 XM' 的回归，得测定系数 R_2^2；若 R_2^2 显著高于 R_1^2，则调节效应显著；或者作 XM 的回归系数检验，若显著则调节效应显著	将自变量和调节变量中心化，做 $Y = \alpha X + \beta M' + \gamma XM' + \varepsilon$ 的层次回归分析（同左）。除了考虑交互效应项 XM' 外，还可以考虑高阶交互效应项（XM'^2 或者 $M'X^2$）

5.4.1 调节变量的影响分析

结构模型中，自变量除了受到中介变量和因变量影响外，也会受到调节变量的影响。在第 3 章的讨论中，发现一些个体变量如个体特征的性别、婚姻状况、户籍、年龄、收入、教育程度等，获取特征如是否有车、站点距离等也可能对模型产生影响。这些调节变量主要是分类变量，通过进行异质性分析，可以用量表定义和测量。在将调节变量纳入影响模型分析之前，需要通过方差分析检验它们对中介变量和因变量的影响，再选择其中影响显著者做模型中路径的调节分析。本部分以受访者的个体特征和获取特征作为外生的调节变量，其中个体特征如性别、婚姻状况、户籍、教育和收入，获取特征指的是对汽车这样的标的物的获取特点，如是否有车、站点距离。同时，采用均值法来对中介变量和因变量进行赋值。

5.4.1.1 个体特征对中介变量和因变量的影响

选取个体特征性别、婚姻状况、户籍、教育和收入为影响中介变量和因变量的可能因素。其中，设性别为女 =0，男 =1；由于年龄与婚姻状况相关，并且孩子是车辆消费的主要推动因素之一，因此以婚姻状况代替年龄，设定未婚及已婚无孩 =0，未婚及已婚有孩 =1；拥有本地户籍是很多中国大城市的购车政策要求，设定本地 =0，非本地 =1；教育情况亦是人们对新生事物接受和使用的重要影响变量，将教育设为不同学历水平，高中及以下 =1，本科或大专 =2，研究生 =3，以上教育水平均包括在读；收入是影响消费的重要变量，根据本调查所在地（上海）的情况，设月收入（或者生活费）5000元及以下 =1，（5001 ~10000 元） =2，（10001 ~20000 元） =3，20001 元及以上 =4。采用单因素方差分析方法分析以上个体特征是否影响模型中的中介变量和因变量，判断是否存在显著性差异，结果见表5. 13 至表5. 17。

从表5. 13 可以看出，方差同质性检验的结果表明，在置信度95% 的水平上，性别对使用消费行为意向、协作消费行为意向和替代消费行为意向均存在显著影响，其显著性水平分别为0. 058、0. 001 和0. 042，表明不同性别的中介变量和因变量的方差不具同质性。

表5. 13　不同性别的中介变量和因变量的方差分析

项目	性别	样本数	均值	方差同质性检验	
				F 值	Sig.
使用消费行为意向	0（女）	243	4. 179	3. 614	0. 058
	1（男）	359	4. 424		
协作消费行为意向	0（女）	243	3. 732	11. 008	0. 001
	1（男）	359	4. 159		
替代消费行为意向	0（女）	243	3. 518	4. 179	0. 042
	1（男）	359	3. 882		

从表5. 14 可以看出，方差同质性检验的结果表明，在置信度95% 的水平上，婚姻状况对使用消费行为意向、协作消费行为意向和替代消费行为意向均存在显著影响，其显著性水平分别为0. 228、0. 256 和0. 117，表明不同婚姻状况的中介变量和因变量的方差具同质性。

表5. 14　不同婚姻状况的中介变量和因变量的方差分析

项目	婚姻状况	样本数	均值	方差同质性检验	
				F 值	Sig.
使用消费行为意向	0（未婚及已婚无孩）	240	4. 615	1. 484	0. 228
	1（未婚及已婚有孩）	362	4. 32		
协作消费行为意向	0（未婚及已婚无孩）	240	4. 077	1. 368	0. 256
	1（未婚及已婚有孩）	362	4. 017		

续表

项目	婚姻状况	样本数	均值	方差同质性检验	
				F 值	Sig.
替代消费行为意向	0（未婚及已婚无孩）	240	3.346	2.161	0.117
	1（未婚及已婚有孩）	362	3.851		

从表5.15可以看出，方差同质性检验的结果表明，在置信度95%的水平上，户籍对使用消费行为意向、协作消费行为意向和替代消费行为意向均存在显著影响，其显著性水平分别为0.284、0.872和0.558，表明不同户籍的中介变量和因变量的方差具有同质性。

表5.15　不同户籍情况的中介变量和因变量的方差分析

项目	本地户籍	样本数	均值	方差同质性检验	
				F 值	Sig.
使用消费行为意向	0（是）	270	4.319	1.154	0.284
	1（否）	332	4.428		
协作消费行为意向	0（是）	270	4.089	0.026	0.872
	1（否）	332	4.072		
替代消费行为意向	0（是）	270	3.814	0.344	0.558
	1（否）	332	3.859		

从表5.16可以看出，方差同质性检验的结果表明，在置信度95%的水平上，教育水平对使用消费行为意向、协作消费行为意向和替代消费行为意向均存在显著影响，其显著性水平分别为0.545、0.251和0.457，表明不同教育水平的中介变量和因变量的方差具有同质性。

表5.16　不同教育水平的中介变量和因变量的方差分析

项目	学历	样本数	均值	方差同质性检验	
				F 值	Sig.
使用消费行为意向	1（高中及以下）	146	4.459	0.77	0.545
	2（本科或大专）	328	4.41		
	3（研究生）	74	4.162		

续表

项目	学历	样本数	均值	方差同质性检验	
				F值	Sig.
协作消费行为意向	1（高中及以下）	146	4.197	1.352	0.251
	2（本科或大专）	328	4.149		
	3（研究生）	74	4.077		
替代消费行为意向	1（高中及以下）	146	3.951	0.912	0.457
	2（本科或大专）	328	3.932		
	3（研究生）	74	3.761		

从表5.17可以看出，方差同质性检验的结果表明，在置信度95%的水平上，收入对使用消费行为意向、协作消费行为意向和替代消费行为意向均存在显著影响，其显著性水平分别为0.345、0.126和0.308，表明不同月收入的中介变量和因变量的方差具有同质性。

表5.17　不同月收入的中介变量和因变量的方差分析

项目	月收入	样本数	均值	方差同质性检验	
				F值	Sig.
使用消费行为意向	1（5000元及以下）	176	4.393	1.129	0.345
	2（5001~10000元）	294	4.449		
	3（10001~20000元）	112	4.268		
	4（20001元及以上）	20	4.6		
协作消费行为意向	1（5000元及以下）	176	4.082	2.592	0.126
	2（5001~10000元）	294	4.197		
	3（10001~20000元）	112	3.893		
	4（20001元及以上）	20	4.3		
替代消费行为意向	1（5000元及以下）	176	3.852	1.202	0.308
	2（5001~10000元）	294	3.871		
	3（10001~20000元）	112	3.732		
	4（20001元及以上）	20	4.3		

5.4.1.2　获取特征对中介变量和因变量的影响

选取是否有私家车和距离最近站点的距离为个体的获取特征，考察它们是否可能影响中介变量和因变量。其中，私家车与共享汽车存在一定的竞争关系，有私家车的人群可能对汽车共享的行为意愿与没有私家车的人群存在差别，设有可在本地使用的私家车 =1，没有 =0；站点距离是影响获取性的重要因素，设1千米以下 =1，（1 ~2 千米） =2，2 千米以上或者对站点在哪里不清楚 =3。采用单因素方差分析方法分析以上个体特征是否影响模型中的中介变量和因变量，判断是否存在显著性差异，结果见表 5. 18 和表 5. 19。

从表 5. 18 可以看出，方差同质性检验的结果表明，在置信度 95% 的水平上，私家车拥有情况对使用消费行为意向、协作消费行为意向和替代消费行为意向均存在显著影响，其显著性水平分别为 0. 739、0. 335 和 0. 018，表明不同私家车拥有情况的中介变量的方差不具有同质性，然而因变量的方差具有同质性。

表 5. 18　不同私家车拥有情况的中介变量和因变量的方差分析

项目	私家车	样本数	均值	方差同质性检验	
				F 值	Sig.
使用消费行为意向	0（有）	242	4. 421	0. 303	0. 739
	1（无）	360	4. 313		
协作消费行为意向	0（有）	242	4. 083	1. 039	0. 355
	1（无）	360	3. 875		
替代消费行为意向	0（有）	242	3. 752	4. 05	0. 018
	1（无）	360	3. 344		

从表 5. 19 可以看出，方差同质性检验的结果表明，在置信度 95% 的水平上，站点距离对使用消费行为意向、协作消费行为意向和替代消费行为意向均存在显著影响，其显著性水平分别为 0. 051、0. 075 和 0. 042，表明不同站点距离的中介变量和因变量的方差具有同质性。

表 5. 19　不同站点距离的中介变量和因变量的方差分析

项目	站点距离	样本数	均值	方差同质性检验	
				F 值	Sig.
使用消费行为意向	1（1 千米以下）	213	4. 426	3. 003	0. 051
	2（1 ~2 千米）	283	4. 446		
	3（2 千米以上或者对站点在哪里不清楚）	106	4. 113		

续表

项目	站点距离	样本数	均值	方差同质性检验	
				F 值	Sig.
协作消费行为意向	1（1 千米以下）	213	4.125	2.607	0.075
	2（1～2 千米）	283	4.143		
	3（2 千米以上或者对站点在哪里不清楚）	106	3.83		
替代消费行为意向	1（1 千米以下）	213	3.838	3.211	0.042
	2（1～2 千米）	283	3.955		
	3（2 千米以上或者对站点在哪里不清楚）	106	3.453		

5.4.2 个体特征和获取特征对模型的影响作用

从单要素方差分析结果可得知，个体变量中性别对使用消费行为意向、协作消费行为意向、替代消费行为意向具有显著的影响，婚姻状况、户籍、教育和收入不存在显著影响，获取特征中距离站点的距离对中介变量和因变量存在具有影响，是否有私家车仅对替代性消费意向具有显著影响。根据以上的检验结果，将对性别、是否有私家车和站点距离对模型的调节作用进行分析。根据表 5.12 的建议，本部分将按 M' 的取值分组进行分组回归，若回归系数的差异显著，则调节效应显著（温忠麟 等，2005）。在变量赋值方面，性别和私家车情况的分组设计与上文一致，其中为了计算方便，将设计站点距离小于 2 千米和大于 2 千米或者不清楚两组进行对比。调节效应检验结果见表 5.20。

从表 5.20 中的结果可以看出，其中系统价值认知→使用消费行为意向、系统价值认知→协作消费行为意向和使用消费行为意向→替代消费行为意向的路径并不受到任何个体特征和获取特征的影响。性别在稀缺性风险认知→使用消费行为意向（－0.241 **，－0.087 *）、稀缺性风险认知→协作消费行为意向（－0.159，－0.203 ***）和稀缺性风险认知→替代消费行为意向（－0.309 **，－0.004）的路径上起作用，女性在稀缺性风险认知→使用消费行为意向和稀缺性风险认知→替代消费行为意向的路径上比男性的调节作

表 5.20 调节效应检验

路径	路径系数		路径系数差异	路径系数		路径系数差异	路径系数		路径系数差异
	Gender = 0	Gender = 1		Car = 0	Car = 1		小于 2 千米	大于 2 千米或不清楚	
SVC→ACBI	0.689 ***	0.693 ***	0.272	0.686 ***	0.708 ***	0.272	0.635 ***	0.834 ***	0.124
SR→ACBI	−0.241 **	−0.087 *	0.17 **	−0.122 **	−0.093	0.184 **	−0.198 ***	−0.07	0.117 ***
RR→ACBI	−0.07 *	−0.075 *	0.259	−0.08 *	−0.04 *	0.045	−0.142 **	−0.074	0.126 **
SVC→CCBI	0.535 ***	0.642 ***	0.006	0.592 ***	0.643 ***	0.231	0.659 ***	0.557 ***	0.218
SR→CCBI	−0.159	−0.203 ***	0.285 ***	−0.194 ***	−0.197 ***	0.076	0.236 **	0.274 **	0.076
SVC→SBI	0.059 *	0.108 **	0.057	0.025 *	0.175 **	0.314 **	0.379 ***	−0.149	0.062 ***
SR→SBI	−0.309 **	−0.004	0.252 **	−0.006 *	−0.095 *	0.218	−0.052 *	−0.11 *	0.138
ACBI→SBI	0.008 **	0.006 *	0.064	0.542 ***	0.41 ***	0.076	0.55 ***	0.697 ***	0.165
CCBI→SBI	0.625 ***	0.446 ***	0.059	0.117 **	−0.077	0.136 ***	0.202 **	−0.072	0.11 ***

注：*** 表示 $P<0.01$；** 表示 $P<0.05$；* 表示 $P<0.1$；SVC 为系统价值认知，SR 为稀缺性风险认知，RR 为互惠性风险认知，ACBI 为使用消费行为意向，CCBI 为协作消费行为意向，SBI 为替代消费行为意向。

用更加强烈，说明女性更加能感受到稀缺性风险认知带来的不安全感，更加倾向不使用汽车共享服务或者不愿意替代原有的消费系统。然而在稀缺性风险认知→协作消费行为意向路径上，男性比女性在感受到稀缺性风险认知后更加不愿意提供相应的协作行为；私家车特征在稀缺性风险认知→使用消费行为意向（-0.122 **，-0.093）、系统价值认知→替代消费行为意向（0.025 *，0.175 * *）和协作消费行为意向→替代消费行为意向（0.117 **，-0.077）的路径上起作用，没有私家车的人群在感受到稀缺性风险认知后对使用消费行为意向表现得比有私家车的人群更加强烈，在系统价值认知→替代性消费路径上有私家车的人群替代性行为意向更加强烈，而在协作消费行为意向→替代消费行为意向路径上，没有私家车人群的调节效应更强，愿意通过维护系统达到替代消费的目的；站点距离特征在稀缺性风险认知→使用消费行为意向（-0.198 ***，-0.07）、互惠性风险认知→使用消费行为意向（-0.142 ***，-0.074）、系统价值认知→替代消费行为意向（0.379 ***，-0.149）和协作消费行为意向→替代消费行为意向（0.202 **，-0.072）的路径上起作用，距离站点近的人群在各路径上都要比距离远的人群调节效应强烈。

根据以上计算的结果，分析相关假设验证情况。

Ha11：在汽车共享场域下，人们的个体特征对系统价值认知、系统风险认知、使用消费行为意向、协作消费行为意向和替代消费行为意向之间的关系具有调节作用。检验结果表明，仅性别在稀缺性风险认知→使用消费行为意向、稀缺性风险认知→协作消费行为意向和稀缺性风险认知→替代消费行为意向的路径上起调节作用。女性比男性更加容易受到稀缺性风险认知的影响，进而影响女性人群的行为意向。

Ha12：在汽车共享场域下，人们的获取特征对系统价值认知、系统风险认知、使用消费行为意向、协作消费行为意向和替代消费行为意向之间的关系具有调节作用。检验结果表明，私家车特征在稀缺性风险认知→使用消费行为意向、系统价值认知→替代消费行为意向和协作消费行为意向→替代消费行为意向的路径上起调节作用，无私家车的人群在各路径上的影响作用更大；站点距离特征在稀缺性风险认知→使用消费行为意向、互惠性风险认知→使用消费行为意向、系统价值认知→替代消费行为意向和协作消费行为意向→替代消费行为意向的路径上起调节作用，距离站点近的人群在各路径上的影响作用更大。

5.5 假设检验总结与讨论

为考察个体与汽车共享系统之间的互动，并实现消费绩效的提升，本书通过访谈、问卷等方式采集数据，对理论模型和研究假设进行了验证。本部分的研究假设、验证结果和假设修正见表5.21。整体来看，达到了本书的目的，在多方面验证了个体与汽车共享之间的互动作用。

表5.21 假设检验结果总结

假设编号	原假设内容	验证结果和假设修正
Ha1	在汽车共享场域下，人们对系统价值认知程度越高，则对汽车共享的使用消费行为意向越高	支持
Ha2	在汽车共享场域下，人们对系统价值认知程度越高，则对汽车共享的协作消费行为意向越高	支持
Ha3	在汽车共享场域下，人们对系统价值认知程度越高，则对汽车共享的替代消费行为意向越高	支持
Ha4	在汽车共享场域下，人们对稀缺性风险认知和互惠性风险认知程度越高，则对汽车共享的使用消费行为意向越低	支持
Ha5	在汽车共享场域下，人们对稀缺性风险认知和互惠性风险认知程度越高，则对汽车共享的协作消费行为意向越低	在汽车共享场域下，人们对稀缺性风险认知的程度越高，则对汽车共享的协作消费行为意向越低
Ha6	在汽车共享场域下，人们对稀缺性风险认知和互惠性风险认知程度越高，则对汽车共享的替代消费行为意向越低	在汽车共享场域下，人们对稀缺性风险认知的程度越高，则对汽车共享的替代消费行为意向越低
Ha7	在汽车共享场域下，人们的使用消费行为意向越高，则汽车共享的替代消费行为意向越高	支持

续表

假设编号	原假设内容	验证结果和假设修正
Ha8	在汽车共享场域下，人们的协作消费行为意向越高，则汽车共享的替代消费行为意向越高	支持
Ha9	在汽车共享场域下，人们的使用消费行为意向越高，则对汽车共享的协作消费行为意向越高	在汽车共享场域下，人们的汽车共享服务使用消费行为意向和协作消费行为意向之间没有显著关系
Ha10	在汽车共享场域下，汽车共享的使用消费行为意向和协作消费行为意向是系统价值认知和系统风险认知到替代消费行为意向的中介变量	支持
Ha11	在汽车共享场域下，人们的个体特征如年龄、性别、家庭情况、收入、教育等会对替代机制产生调节作用	性别对稀缺性风险认知→使用消费行为意向、稀缺性风险认知→协作消费行为意向和稀缺性风险认知→替代消费行为意向的路径上起调节作用
Ha12	在汽车共享场域下，人们的获取特征如私家车、站点距离对替代机制产生调节作用	私家车特征在稀缺性风险认知→使用消费行为意向、系统价值认知→替代消费行为意向和协作消费行为意向→替代消费行为意向的路径上起调节作用；站点距离特征在稀缺性风险认知→使用消费行为意向、互惠性风险认知→使用消费行为意向、系统价值认知→替代消费行为意向和协作消费行为意向→替代消费行为意向的路径上起调节作用

在汽车共享消费绩效实现的替代机制的理论假设模型中，Ha9 未得到显著验证结果，Ha5、Ha6、Ha11 和 Ha12 在具体的验证中修正了原假设替代模型，其他假设均成立。在实现汽车共享消费绩效的微观主体的互动上，传统供给系统和汽车共享系统之间存在着替代关系，个体对汽车共享系统的价值认知将促进对其的消费和替代，对汽车共享系统的稀缺性风险认知将阻碍使用消费行为、协作消费行为和替代消费行为，互惠性风险认知会直接阻碍使用消费行为，间接影响替代消费行为。个体客观特征如性别、是否有私家车和与站点的距离对以上关系具有调节作用。研究结果可以指导相关的商业实践，在不同的方面加强管理，促进系统替代，以实现更高的消费绩效和绿色的交通出行。

5.6 本章小结

本章在微观层面上对汽车共享消费实现的替代机制建立了具体的、可验证的假设模型。实证上首先进行了中介变量“使用消费行为意向和协作消费行为意向”的验证，得到了其作为中介变量的合理性；接着通过结构方程建模及模型比较对研究的理论模型和相关假设检验进行了验证，并通过模型的比较和修正得到更加精准的理论模型；最后，通过对个体特征变量和获取特征变量的分析，得到性别、私家车特征和站点距离特征对模型存在调节作用，并验证和修正了相关假设。

第 6 章

汽车共享消费绩效实现的驱动机制研究

基于分享系统的消费绩效实现存在两个机制的影响：一个是微观层面的绩效实现机制，另一个是宏观层面的绩效实现机制。通过前面的微观机制分析可知，当汽车共享系统被建立起来之后，相应的社会群体的汽车消费行为会发生积极变化，从而在微观层面推动消费绩效的提高。从宏观层面来看，城市作为汽车共享商业模式存在的载体，如何与汽车共享系统进行合理连接，共同实现城市范围的宏观交通消费绩效的提升，目前相关研究涉及得比较少。

本章从城市与汽车共享互动的宏观层面研究消费绩效现实机制，一方面，基于供给视角，探讨城市与汽车共享不同供给模式的消费绩效差异；另一方面，以可持续发展的三重底线作为城市发展汽车共享的可提供消费绩效的需求基础，在经济、社会和环境发展方面构建城市汽车共享城市驱动力指标，选取华东地区的 7 个城市并根据指标体系进行排名，从不同维度和总体角度分析不同城市对汽车共享的需求驱动力。

6.1　基于成本效益分析的汽车共享供给模式研究

成本效益分析（Cost - Benefit Analysis，CBA）在基础设施建设和政策规划领域广为应用，是一种决策支持工具，以经济学的价值理论为基础，通过横向计算项目或者政策投入成本和产生效益，对相关结果进行比较和评判，由此选出更加适合的方式（叶祖达，2010）。定量化评价方法包括以经济货币为度量单位对系统效益和成本构成进行直观分析的方法，也包括使用指标的间接比较来分析的方法，如数据包络分析、主成分分析、神经网络技术、多层模糊评价等。成本效益分析可用于经济、环境和社会等不同方面的绩效评价（周杨等，2014）。本部分拟通过建立成本效益分析模型，以汽车共享产生的净效益（即净消费绩效）作为衡量手段，探讨汽车共享与城市（为了和其他研究文献一致，本部分以政府作为城市的代理人）之间的互动及合作供给关系。

6.1.1 模型的假设与构建

在私人企业提供的市场模式下，假设企业的效益相当于整体的效益，与自身努力程度和提供产品的市场成本有关；当采用合作的供给模式时，企业和政府相应的效益分配和努力水平都与汽车共享服务的整体效益有关，在这种情况下，合理分配效益以及采用激励手段提高努力水平是极为重要的，政企合作供给模式是政府委托企业代理实施汽车共享，两者之间存在着相互影响的关系。基于以上考虑，参考王欢明等（2014）基于公共交通服务供给模式的假设，提出以下假设条件。

条件1：假设汽车共享系统车队规模固定，设定汽车共享企业和政府各自的努力水平分别为 a 和 b，且产出效益为 V，V 为努力水平的严格单调递增函数，即 $\partial V/\partial a > 0, \partial V/\partial b > 0$ 。在汽车共享服务供给中，双方主体应在自身的控制权范围内努力投入，以获取效益，即企业主要通过生产经营管理的努力来获取效益，政府在生产经营中主要通过宏观调控管理和微观监控的努力获得效益，确保自身的利益。双方主体的努力能带来的汽车共享服务的产出水平，设定企业和政府对应的努力产出效率分别为 A 和 B，且都大于0，则汽车共享服务的总产出效益为：$V = Aa + Bb$ 。

条件2：设定企业的努力成本系数为 $\rho > 0$ ，则努力成本函数为 $\rho a^2/2$ ；政府的努力成本系数为 $\delta > 0$ ，则努力成本函数为 $\delta b^2/2$ ，表明企业的生产经营、政府的宏观管理和微观监控都需要花费一定的成本。

条件3：设定企业在服务供给中的效益分配率为 β（下文将其简称为效益系数），且 $0 < \beta < 1$ ，代表着企业在服务供给中的效益分配比例；政府的分配率为 $1 - \beta$ ，代表着政府在服务供给中的效益分配比例。

6.1.1.1 汽车共享服务私人企业提供的市场模式

市场导向提供模式即企业自负盈亏，是指通过对市场提供产品和服务，最大限度获取利润的方式。在汽车共享服务由市场提供时，设定企业的努力水平为 a_0 ，努力产出效率分别为 A_0 ，企业的努力成本系数为 ρ_0 ，考虑与政府参与的情景可以对比，将市场交易成本设为 $\frac{1}{2}\rho_0 a_0{}^2$ ，企业的净效益 U_0 即为整体净效益。由此得到：

$$U_0 = A_0 a_0 - \frac{1}{2}\rho_0 a_0{}^2 \tag{6.1}$$

对（6.1）式求导使企业净效益最大化，即对 a_0 求偏导，得到：

$$a_0^* = \frac{A_0}{\rho_0} \tag{6.2}$$

将式（6.2）代入式（6.1）中，得到：

$$U_0^* = \frac{A_0^2}{2\rho_0} \tag{6.3}$$

由式（6.3）可知，企业净效益是努力产出效率的增函数，是努力成本系数的减函数，企业的努力产出效率越大，努力成本系数越小，整体净效益越大。企业的努力产出效率提高意味着单位努力可以换取的产出越多，即市场容易发展，消费者对其接受能力较强；努力成本系数越小，意味着市场的交易成本相对较低，竞争度较小。

6.1.1.2 汽车共享服务的公私合作模式

当政府参与对汽车共享服务的提供时，属于企业和政府双方合作供给模式。汽车共享服务与现有的交通政策并无太多冲突，相反它可以更加有效地提高区域的交通效率，同时减少因大规模私人交通使用而带来的外部性。设定企业和政府的努力水平分别为 a_1 和b_1 ，努力产出效率分别为 A_1 和B_1 ，企业和政府的努力成本系数为 ρ_1 和δ_1 ，企业效益系数为 β ，政府效益系数为 $1-\beta$，企业的净效益为 U_e 、政府的净效益为 U_g 以及净效益为 U_1 。由此得出：

$$\begin{cases} U_e = \beta(A_1 a_1 + B_1 b_1) - \frac{1}{2}\rho_1 a_1^2 \\ U_g = (1-\beta)(A_1 a_1 + B_1 b_1) - \frac{1}{2}\delta_1 b_1^2 \\ U_1 = A_1 a_1 + B_1 b_1 - \frac{1}{2}\rho_1 a_1^2 - \frac{1}{2}\delta_1 b_1^2 \end{cases} \tag{6.4}$$

最大化汽车共享服务的净效益，最优化社会总净效益由 β_1、a_1、b_1 共同决定，表示汽车共享服务供给需要企业和政府共同合，以作达到净效益最大化，有：

$$\max_{\beta,a_1,b_1} U_1$$

$$s.t.\ \beta_1, a_1, b_1 \in \operatorname{argmax} U_e\ ;\ \beta_1, a_1, b_1 \in \operatorname{argmax} U_g$$

根据式（6.4）中的 U_e 和 U_g 分别对 a_1 和 b_1 求偏导，并令其为0，则得到：

$$a_1 = \frac{\beta A_1}{\rho_1}, b_1 = \frac{(1-\beta)B_1}{\delta_1} \tag{6.5}$$

将式（6.5）代入式（6.4）中得到净效益 U_1 关于 β 的函数，令 U_1 关于 β 的偏导函数为0，则可得到企业的最优效益系数 β^*，结果为：

$$\beta^* = \left(\frac{A_1^2}{\rho_1}\right) \Big/ \left(\frac{A_1^2}{\rho_1} + \frac{B_1^2}{\delta_1}\right) \tag{6.6}$$

将式（6.6）代入式（6.5）中，得到汽车共享服务企业和政府的最优努力水平，分别为：

$$a_1^* = \left(\frac{A_1^3}{\rho_1^2}\right) \Big/ \left(\frac{A_1^2}{\rho_1} + \frac{B_1^2}{\delta_1}\right), b_1^* = \left(\frac{B_1^3}{\delta_1^2}\right) \Big/ \left(\frac{A_1^2}{\rho_1} + \frac{B_1^2}{\delta_1}\right) \tag{6.7}$$

将式（6.7）代入式（6.4）中，求出净效益 U_1^* 最大为：

$$\begin{aligned} U_1^* &= \frac{A_1^2\beta^*}{\rho_1} - \frac{A_1^2\beta^{*2}}{2\rho_1} + \frac{B_1^2}{2\delta_1} - \frac{B_1^2\beta^{*2}}{2\delta_1} \\ &= A_1 a_1^* + B_1 b_1^* - \frac{1}{2}\rho_1 a_1^{*2} - \frac{1}{2}\delta_1 b_1^{*2} \end{aligned} \tag{6.8}$$

经由以上求解，可以得到由政府发起的汽车共享所带来的最大净效益 U_1^*，企业和政府的相应的效益系数 β^* 和 $1-\beta^*$，以及各自应投入的最优努力水平 a_1^* 和 b_1^*。对式（6.8）进行进一步分析，可知：

（1）存在最优 β^* 使得汽车共享服务净效益达到最大，这时如果 $\beta < \beta^*$，则 $\partial U_1/\partial\beta < 0 > 0$，即随着汽车共享企业效益系数越大，整体净效益随之变大，这时效益分配有利于提高企业积极性；如果 $\beta > \beta^*$，则 $\partial U_1/\partial\beta < 0$，即随着汽车共享企业效益系数越大，整体社会效益随之变小，这时可能出现过高的效益分配使企业产生惰性，降低整体社会效益。从式（6.8）中可也看出，企

业的最优效益系数 β^* 与其企业的产出效率系数 A_1 的关系是单调增函数，意味着企业的产出效率越高，企业相对于政府之间的最优效益权 β^* 越大。在公私合作伙伴关系中，市场化中的企业具有比政府更强的效益追求动力，因此政府做好宏观管理和微观监控的角色而非与企业争利，则更有利于净效益的提高。

（2）当 b_1 既定的情况下，存在最优 a_1^*，使得汽车共享服务净效益达到最大，这时如果 $a_1 < a_1^*$，则 $\partial U_1/\partial a_1 > 0$，即汽车共享企业努力水平的提高使整体净效益随之变大；如果 $a_1 > a_1^*$，则 $\partial U_1/\partial a_1 < 0$，即汽车共享企业努力水平越大，整体净效益随之变小。

（3）当 a_1 既定的情况下，存在最优 b_1^*，使得汽车共享服务净效益达到最大，这时如果 $b_1 < b_1^*$，则 $\partial U_1/\partial b_1 > 0$，即政府努力水平的提高使整体净效益随之变大；如果 $b_1 > b_1^*$，则 $\partial U_1/\partial b_1 < 0$，即政府努力水平越大，整体净效益随之变小。

6.1.2 不同合作供给模式净效益比较

企业作为营利性组织，与政府合作提供汽车共享服务的前提一般是 $U_e^* > U_0^*$，否则它将自己运作。根据上文求出的两种供给模式，企业的最优净效益 U_e^* 和 U_0^*，将两者的差设为 ΔU_e，可得：

$$\Delta U_e = U_e^* - U_0^* = \frac{A_1^2\beta^{*2}}{2\rho_1} - \frac{B_1^2\beta^{*2}}{\delta_1} + \frac{B_1^2\beta^*}{\delta_1} - \frac{A_0^2}{2\rho_0} \tag{6.9}$$

为了实现 $\Delta U_e > 0$，对式（6.9）进行计算整理，得到企业的最优效益系数 β^* 的取值范围，结果为：

$$\begin{cases} \beta^* > \dfrac{\dfrac{B_1^2}{\delta_1} - \sqrt{\dfrac{B_1^4}{\delta_1^2} - \dfrac{2A_0^2 B_1^2}{\rho_1 \delta_1} + \dfrac{A_0^2 A_1^2}{\rho_0 \rho_1}}}{\dfrac{2B_1^2}{\delta_1} - \dfrac{A_1^2}{\rho_1}} \\ \beta^* < \dfrac{\dfrac{B_1^2}{\delta_1} + \sqrt{\dfrac{B_1^4}{\delta_1^2} - \dfrac{2A_0^2 B_1^2}{\rho_1 \delta_1} + \dfrac{A_0^2 A_1^2}{\rho_0 \rho_1}}}{\dfrac{2B_1^2}{\delta_1} - \dfrac{A_1^2}{\rho_1}} \end{cases} \tag{6.10}$$

当企业的最优效益系数 β^* 的取值满足上述条件时，可实现 $\Delta U_e > 0$，即这时公私合作的提供模式优于市场导向提供模式。

进一步地，可能 $\Delta U_e < 0$ 出现即 $U_e^* < U_0^*$ ，但整体 $U_1^* > U_0^*$ 的情况，这时虽然由市场导向模式的企业净效益较大，但公私合作提供模式的净效益大于市场导向提供模式的净效益。为了保证汽车共享服务的持续提供，政府可能将它获得的效益进行二次分配，补贴给汽车共享企业，要求它继续提供，这时 $U_1^* - U_0^*$ 应大于 $|U_e^* - U_0^*|$ 。设 $\Delta U = U_1^* - U_0^* - |U_e^* - U_0^*|$ ，得到：

$$\Delta U = \frac{A_1^2\beta^*}{\rho_1} + \frac{B_1^2\beta^*}{\delta_1} - \frac{3B_1^2\beta^{*2}}{2\delta_1} + \frac{B_1^2}{2\delta_1} - \frac{A_0^2}{\rho_0} \tag{6.11}$$

为了实现 $\Delta U_e < 0$ 和 $\Delta U > 0$ 同时成立，对式（6.9）和式（6.11）进行计算整理，得到企业的最优效益系数 β^* 的取值范围，结果为：

$$\begin{cases} \beta^* < \dfrac{\dfrac{A_1^2}{\rho_1} + \dfrac{B_1^2}{\delta_1} - \sqrt{\dfrac{A_1^4}{\rho_1^2} - \dfrac{6A_0^2B_1^2}{\rho_0\delta_1} + \dfrac{4B_1^4}{\delta_1^2}}}{\dfrac{3B_1^2}{\delta_1}} \\ \beta^* > \dfrac{\dfrac{A_1^2}{\rho_1} + \dfrac{B_1^2}{\delta_1} + \sqrt{\dfrac{A_1^4}{\rho_1^2} - \dfrac{6A_0^2B_1^2}{\rho_0\delta_1} + \dfrac{4B_1^4}{\delta_1^2}}}{\dfrac{3B_1^2}{\delta_1}} \end{cases} \cup \begin{cases} \beta^* > \dfrac{\dfrac{A_1^2}{\rho_1} + \dfrac{B_1^2}{\delta_1} - \sqrt{\dfrac{A_1^4}{\rho_1^2} - \dfrac{6A_0^2B_1^2}{\rho_0\delta_1} + \dfrac{4B_1^4}{\delta_1^2}}}{\dfrac{3B_1^2}{\delta_1}} \\ \beta^* < \dfrac{\dfrac{A_1^2}{\rho_1} + \dfrac{B_1^2}{\delta_1} + \sqrt{\dfrac{A_1^4}{\rho_1^2} - \dfrac{6A_0^2B_1^2}{\rho_0\delta_1} + \dfrac{4B_1^4}{\delta_1^2}}}{\dfrac{3B_1^2}{\delta_1}} \end{cases} \tag{6.12}$$

当企业的最优效益系数 β^* 的取值满足上述条件时，政府可能会将它获得的效益通过二次分配补贴给汽车共享企业，从而保证汽车共享服务的持续提供。在进行具体分析时，应考虑式（6.6）中的 β^* 是否在以上的区间之内。

6.1.3 数值模拟

在上述模型设定的基础上，采用数值模拟的方法进一步考察不同汽车共享服务的供给模式对应的净效益水平，从而讨论何种供给模式最优。设定市场导向模式企业努力产出效率为 $A_0 = 5$ ，努力成本系数为 $\rho_0 = 1$ ，以此作为设定的基准，与政府合作的模式下相应的数值据此基准进行情景调整。根据上文假设 3 设定汽车共享企业在服务供给中的效益系数 $0 < \beta < 1$ 。

情景 1：设与政府合作的模式下企业的努力产出效率和成本系数未变，

$A_1 = 5, \rho_1 = 1, \delta_1 = 1$。根据式（6.9），当政府的努力产出效率 B_1 越来越大时，在 $0 < \beta^* < 1$ 的范围内 ΔU_e 开始从负值变为与零值相交，即存在 β^* 使 $\Delta U_e > 0$（见图 6.1），说明即便可能共享服务企业本身的努力产出效率和成本系数与在政府的合作中未发生变化，但由于对政府和社会产生的正面净效益不断地增大，通过净效益的内部转移，使得企业净效益不断增加。根据式（6.11），当 $\Delta U_e < 0$ 时，如当政府的努力产出效率 $B_1 = 5$ 时，为了使 $\Delta U_e < 0$ 和 $\Delta U > 0$ 同时成立，这时 β^* 的取值在（1/3,1）区间即可，根据式（6.6）可计算出给企业分配的最优 $\beta^* = 0.5$，这时要维持企业继续经营的方式就是政府进行净效益的二次分配转移，使企业可以获得比较高的效益水平。但是如果政府的努力产出效率较小时，则应该采取市场经营模式。

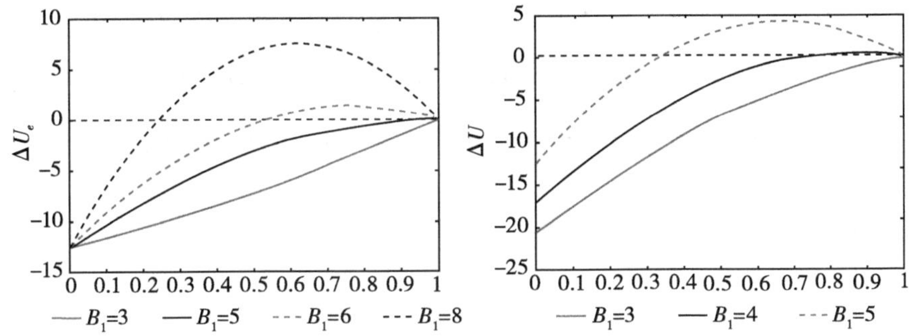

图 6.1 情景 1 下两种供给模式的净效益比较

情景 2：设与政府合作的模式下企业的努力产出效率提高，其他参数分别设为 $B_1 = 6, \rho_1 = 1, \delta_1 = 1$。根据式（6.9），当企业的努力产出效率 A_1 越来越大时，使 $\Delta U_e > 0$ 的 β^* 的取值开始逐渐减小（见图 6.2）。当企业的努力产出效率 $A_1 = 7$ 时，根据式（6.6）可计算出给企业分配的最优 $\beta^* = 0.576$，这时 $\Delta U_e > 0$，即与政府合作的模式更优；当企业的努力产出效率 $A_1 = 6$ 时，根据式（6.6）可计算出给企业分配的最优 $\beta^* = 0.5$，这时 $\Delta U_e = 0$，两种模式企业净效益相同，由于 $\Delta U > 0$，如果政府进行社会总效益二次分配转移，则与政府合作的模式更优。

情景 3：设与政府合作的模式下企业的努力产出效率降低，$B_1 = 5, \rho_1 = 1, \delta_1 = 1$。根据式（6.9），当企业的努力产出效率 A_1 越来越小时，ΔU_e 也逐渐

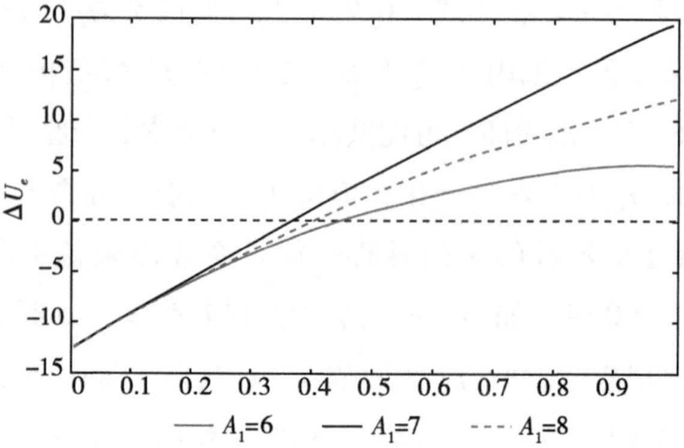

图 6.2　情景 2 下两种净供给模式的净效益比较

变小（见图 6.3），说明即便政府本身的努力产出效率和成本系数未发生变化，但由于企业的努力产出效率降低，与企业采取自我经营模式相比净效益变差。而且，根据式（11），这时 $\Delta U<0$ 成立，应该采取市场经营模式。

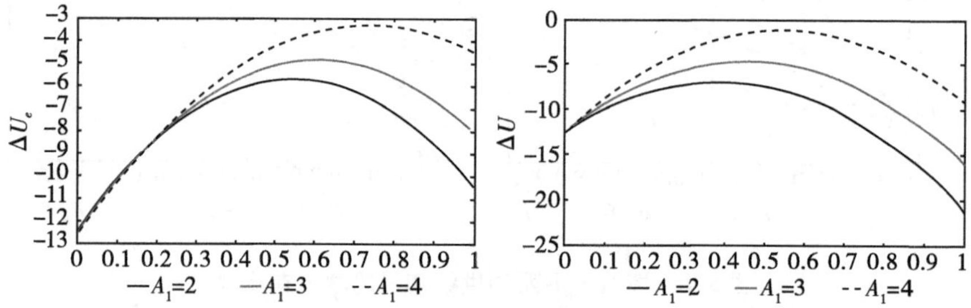

图 6.3　情景 3 下两种供给模式的净效益比较

通过设定不同情景，对汽车共享两种供给模式的净效益进行了比较，为了简略分析，本部分仅就努力产出效率的变化所带来的净效益进行了比较，而努力成本系数所带来的变化基本上和努力产出效率所带来的变化类似，就不对此赘述。

6.1.4　讨论

汽车共享服务在一定程度上可以减缓城市的交通污染和压力，改变社会的消费模式，是建立多层次城市交通体系，满足多种交通需求的一种准公共属性的交通服务。本部分使用成本收益分析法，从产出效率和努力成本的角度对不同供给方式所产生的净效益进行了对比，以下将根据之前的理论推导与现实结合进行讨论。

（1）汽车共享企业应着重考虑目标市场销售产品的努力产出效率和需要付出努力成本。企业所面对的市场努力产出效率较高和努力成本系数较小，意味着市场容易接受，销售业绩容易提升，企业容易在市场中生存。汽车共享服务布局应有针对性，抓住市场上的痛点，主要投放区域是人口密度大、交通拥堵严重、汽车共享服务服务仍处于发展阶段的城市和区域；企业通过大数据的算法，选取其中目标群体集中的区域进行高密度的产品布局；企业与市场需求保持一致性，根据不同的客户需求部署和升级不同的车型，制订不同的产品和价格营销组合，提高努力产出效率。

（2）公私合作供给模式时主要看净效益。当企业努力产出效率变高和需要付出努力成本减少，政府获得的效益较高时，合作模式的净效益要高于企业自身提供模式的净效益；而企业努力产出效率没有变化甚至更低时，如服务企业由于政府的购买、补助或“兜底”政策，缺乏独自市场运营的“进取心”，合作供给的净效益一般是低于采取企业自身提供模式的净效益的。采取合作供给方式的汽车共享服务类似于政府提供的城市公共交通服务，适合城市的整体布局，将各种交通方式连接在一起，产生较大的整体净效益。政府作为制度和交通资源的提供者以及城市的代理者，通过政策调节手段使得企业努力产出效率变高和需要付出努力成本降低，将会有效提高净效益水平。

由以上数理分析和结果讨论可知，不管是由市场单独供给或者是由城市的代理人——政府参与到汽车共享服务的供给中去，都需要考虑在当地的城市背景下是否有足够的市场，发生的替代成本、产生的消费绩效是否与城市发展目标相一致。因此，在本章的第二部分将城市的可持续目标（三重底线）与汽车共享实践结合，通过专家评估建立汽车共享城市驱动力指标。

6.2 汽车共享城市驱动力分析

新的商业模式或者商业生态的出现都需要基于一定的经济、社会和环境的背景（Ma et al.，2018），它们之间相互影响和进化，由此产生不同的绩效结果。汽车共享作为社会经济、信息通信技术（ICT）、城市化和环境压力快速发展的背景下的商业实践，要将其嵌入到具体城市，作为城市可持续交通解决方案，需要考虑具体的城市需求和支持环境。Böcker and Meelen（2017）认为共享系统所提供的经济、社会和环境维度方面的贡献是促进其发展的重要动力。城市作为汽车共享的消费者，共同促进，往更加可持续的方向发展，因此从汽车共享和城市互动视角进行汽车共享消费绩效实现的驱动力研究是题中应有之义。

6.2.1 层次分析法

层次分析法（Analytic Hierarchy Process，AHP）是由 Saaty（1980）提出的一种基于层次权重的决策分析方法。该方法将一个复杂的多目的决策物体看作一个系统，将系统目标分解为多个目标或者准则层，进而再将目标或者准则层向下划分为多个层次，最终达到说明具体问题的指标层。通过定性指标模糊量化算出层次单排序（权数）和总排序，有助于更加客观地在多指标的综合评价模型中计算各指标权重，获得各项指标对其上一层级的贡献程度。

层次分析法的具体计算步骤如下。

（1）建立 $n \times n$ 比较矩阵 A，采用 1～9 标度表（见表 6.1）。

$$A = \begin{bmatrix} A_{11} & \cdots & A_{1n} \\ \vdots & \ddots & \vdots \\ A_{n1} & \cdots & A_{nn} \end{bmatrix}$$

表 6.1　层次分析法 1～9 标度表

标度	相对比较（纵向量相对横向量而言）
1	同样重要
3	稍微重要
5	明显重要
7	重要得多
9	绝对重要
2、4、6、8	作为上述相邻判断的插值
上列各数的倒数	横向量对纵向量而言

（2）建立重要性排序指数。

$$r_i = \sum_{j=1}^{n} A_{ij}(i = 1,2,\cdots,n)\ ,\ r_{\max} = \max\{r_i\}, r_{\min} = \min\{r_i\}$$

(3) 根据以下算法构造判断矩阵 B 。

$$B = \begin{cases} \dfrac{r_i - r_j}{r_{\max} - r_{\min}}(k_m - 1) + 1, (r_i \geqslant r_j) \\ \left[\dfrac{r_i - r_j}{r_{\max} - r_{\min}}(k_m - 1)\right]^{-1} + 1, (r_i < r_j) \end{cases}, k_m = \frac{r_{\max}}{r_{\min}}$$

(4) 求上述判断矩阵 B 的传递矩阵 C , $C_{ij} = \log B_{ij}(i,j = 1,2,\cdots,n)$ ，继续求传递矩阵 C 的最优传递矩阵 D 中的元素为 $D_{ij} = \frac{1}{n}\sum_{j=1}^{n}(C_{ik} - C_{jk})$ 。

(5) 求判断矩阵 B 的拟优一致矩阵 B' , $B'_{ij} = 10^{D_{ij}}$ ；计算 B' 每行元素的乘积 $M_i = \prod_{j=1}^{n} B'_{ij}$ ，$(i = 1,2\cdots,n)$ ；再计算方根 $W_{ij} = \sqrt[n]{M_i}$ ，然后对向量 $W' = (W'_1, W'_2, \cdots, W'_n)^{\mathrm{T}}$ 进行归一化处理，得到：

$$W_i = \frac{W'_i}{\sum_{i=1}^{n} W'_i}$$

每组单排序的结果为 $W' = (W'_1, W'_2, \cdots, W'_n)^T$ 。

(6) 进行总层次排序。层次单排序指的是对于上一层某因素而言，本层次各因素的重要性的排序。总层次排序要结合每个指标的子指标进行乘积赋权，设所求的总权重为 w_i ，某一指标权重为 a ，其下层因素的权重为 $W' = (W'_1, W'_2, \cdots, W'_n)^T$ ，则总排序后这些因素的权重为 $w_i = aW_i, i = 1,2,\cdots,n$。

6.2.2 城市背景下汽车共享消费绩效实现的驱动力指标

6.2.2.1 汽车共享消费绩效实现的驱动力指标选择

汽车共享商业模式需要与城市可持续发展需求相结合，从宏观角度构建驱动力指标体系，综合考虑城市交通可持续发展的经济、社会和环境的条件和要求，遵循科学性、客观性、可得性、可操作性的原则，并咨询相关专家，尽量在指标选取中体现精简并具有说服力。

汽车消费是基于生活水平提升的要求，随着经济的快速发展，人们产生的更高的生活需求。私人汽车消费与经济条件往往呈现正相关关系，然而机动化水平的提升与城市道路、停车资源、能源紧张、环境污染等方面也具有正相关关系，私人汽车的消费和大量使用会威胁城市的可持续发展。那么，首先，在经济发展水平越高和速度越快的城市，人们对于汽车消费的需求越高，汽车共享使用集约的方式可在一定程度上消减发展和需求之间的矛盾，因此在考虑发展汽车共享时应首要与城市的经济技术背景结合。其次，根据上文研究可以得到，汽车共享服务影响的主要对象是无车群体，并产生他们对于私人汽车消费需求的抑制，这种抑制作用不仅影响汽车共享服务的采纳者，也会影响非采纳者。另外，汽车共享应是通过提升和满足人们的交通福利需求来达到与能源空间消耗之间脱钩的方式，否则人们为提高交通福利可能会直接考虑进行汽车拥有型消费。此外，社会对于出行方面的要求也产生了重要影响。因此，应在汽车共享的消费绩效发挥中结合考虑城市的社会和出行需求特点。最后，需要结合城市的空间和环境状况。在一定程度上，空间紧张、生态环境受损是汽车共享可以解决的物理约束问题，城市和商业会利用汽车共享这样的机会空间探索可能的物理约束问题的解决渠道。

综合以上分析，经过讨论和筛选，本书认为城市可持续发展需求视角下的汽车共享驱动力因素包括经济技术需求指标、社会出行需求指标和环境空间需求指标 3 个方面，并进一步确定了 8 个二级指标。其中，经济技术需求指标是指城市在现有的经济技术条件下对汽车消费和汽车共享的需要和支持程度；社会出行需求指标是指城市在现有的社会出行条件下对汽车消费和汽车共享的需要和接受程度；环境空间需求指标是指城市在现有的环境空间约束下对可持续交通的需要和重视程度。进一步地，在二级指标选择中考虑人均和比率值，主要目的就是尽量在不同的城市之间进行比较。

在经济技术需求指标方面，主要选取人均指标而非整体指标。由于本章将城市作为汽车共享的需求和消费方，人均指标比整体指标更加能够表示出城市经济技术发展对汽车共享的需求水平，同时也可以表示城市整体的基础环境水平，因此人均指标更具代表性，更能反映研究目的。具体来看，人均指标包括人均生产总值和城镇居民人均可支配收入。人均生产总值反映城市的经济状况，是居民生活水平、公共基础设施和社会福利供给的基本供给水平和能力指标，衡量每一个居民可以享受的整体收入和社会投入的物质资本基础；城镇居民人均可支配收入表示了城市居民的消费能力，反映城市居民的收入能力和财富情况以及城市居民的潜在消费支出能力，在传统的消费系统中，经济消费水平与汽车消费成正比。此外，选取第三产业产值占比指标。汽车共享属于服务业，要发展交通即服务（MaaS）、实现“不求所有但求所用”的汽车共享，第三产业的发展水平是技术基础。第三产业产值占比表示服务业在整体经济中的占比，反映了城市服务业的发达程度、对服务业的重视和需求程度，表示城市是否愿意在服务业上投入，相关的服务业之间（如网络设施、大数据服务等）形成生态系统，相互之间循环加强以实现城市的可持续发展目标，因此该指标可以代表城市的技术发展需求。

在社会出行需求指标方面，根据获得数据的难度并考虑城市规模，采用比值数据，由于人口模型是衡量出行交通需求模型的基础，而城市常住人口数量是城市内出行的基础要素，选取城镇年平均常住总人口作为评价城市出行需求量的比率基础。具体来说，出行比率是全年公共汽车客运总量与城镇年平均常住总人口的比值，说明城市中对出行的需要程度，由于前文证明个体会在汽车共享和公共交通之间进行有益的选择，因此对公共交通的需要在某种程度上说明了对于汽车共享的需求程度；城市人口结构指城镇年平均常住总人口与户籍人口之比，表示社会对汽车共享的需求程度。虽然不是所有城市都有购车的户籍限制，但是户籍在中国被认为是比较固定的居住保障，具有户籍的群体更加具有置业的倾向和能力，由于购买汽车需要和停车位相匹配，因此常住人口汽车消费需求在一定程度上被抑制，该指标一方面反映了城市内的社会人口结构，另一方面反映了城市对汽车消费的真实需求，构成了汽车共享市场的需求基础。人口密度指的是城镇年平均常住总人口与市辖区面积之比，说明集约性或者公共性交通的需求程度。

在环境空间需求指标方面，主要选取建成区绿化覆盖率和大气污染指数 $PM_{2.5}$。建成区绿化覆盖率反映了城市在环境方面对空间利用的重视程度，其数值越大说明城市对高质量环境和居民社会福利的要求越高，该指标具有可持续导向。而大气污染指数 $PM_{2.5}$，反映了大气中 $PM_{2.5}$ 颗粒指数和城市的空气质量。由于城市中汽车尾气对大气污染颗粒具有显著影响，因此选取该指标来衡量城市需要解决的环境问题的严重程度；道路空间指的是城镇年平均常住总人口与市辖区道路面积之比，与人均道路面积成反比，人们所有的道路空间越小，说明停车空间和行车空间相对小，对集约型的交通需求大。

本部分所选取的指标是城市对汽车共享需求方面的综合指标，认为汽车共享具有支持可持续交通发展的潜力，分别基于城市在经济发展维度、社会维度和环境维度与私人汽车消费需求脱钩的量化指标，考察城市宏观层面汽车共享的需求与消费绩效提升的潜力，采纳的指标皆可量化，且已考虑不同的城市规模，具有一定的普适性，可以对不同城市进行评价。采用市辖区范围内的统计数据和口径，具体建立的指标体系见表6.2。

表6.2　汽车共享城市驱动力评价指标体系

目标层	准则层：一级指标	指标层：二级指标	单位	指标说明
汽车共享城市驱动力指标F	经济技术需求指标F1	人均生产总值 F11	元	GDP与城镇年平均常住总人口之比
		城镇居民人均可支配收入 F12	元	
		第三产业产值占比 F13	%	第三产业占GDP的比例
	社会出行需求指标F2	出行比率 F21	%	全年公共汽电客运总量与城镇年平均常住总人口之比
		城市人口结构 F22	%	城镇年平均常住总人口与户籍人口之比
		人口密度 F23	人/千米^2	城镇年平均常住总人口与市辖区面积之比
	环境空间需求指标F3	建成区绿化覆盖率 F31	%	
		大气污染指数 $PM_{2.5}$ F32		大气中 $PM_{2.5}$ 颗粒指数
		道路空间 F33	人/米^2	城镇年平均常住总人口与市辖区道路面积之比，与人均道路面积成反比

6.2.2.2　权重的计算

通过德尔菲法，组成专家组通过问卷得到各因素的分值，采用1~9度评分表，由他们对指标的相对重要程度打分。对18位相关领域专家进行访谈并邀请他们为汽车共享城市驱动力评价系统的各层级指标打分（问卷参见附录）。这些专家来自不同的相关领域，包括高校、政府、企业，是汽车共享和城市研究、规划、管理等方面的专家和直接参与者，其中8位为分享经济或者城市可持续发展研究领域的学者，5位为政府相关部门和政府智库专家，5位为汽车共享的业内人士。将问卷汇总后取各指标对应分值的几何平均数，得出各个维度的比较矩阵，计算各判断矩阵的最大特征值和特征向量，进行归一化处理后得到各级指标的排序权重（见表 6.3）。

表 6.3　汽车共享城市驱动力指标各级及总权重

一级指标	F1			F2			F3		
	0.304			0.359			0.337		
二级指标	F11	F12	F13	F21	F22	F23	F31	F32	F33
	0.237	0.394	0.369	0.266	0.432	0.302	0.218	0.441	0.341
最终权重	0.067	0.112	0.105	0.135	0.164	0.080	0.073	0.149	0.115

由于实际事物的复杂性和人的认识多样性，评价中评分者只能对判断矩阵进行粗略判断，可能会出现判断结果不一致的情况，因此需要对判断矩阵进行一致性检验。根据 AHP 原理，一致性比率的计算公式为：$CR = \frac{CI}{RI}$，其中 CI 为一致性指标，与具体的判断矩阵有关，RI 为随机一致性指标，与判断矩阵的阶数 n 有关。当 $CR < 0.1$ 时，认为判断矩阵具有较好的一致性。其中，假设判断矩阵的最大特征值为 λ_{max}，判断矩阵的阶数为 n，则 $CI = \frac{\lambda_{max} - n}{n - 1}$。计算结果见表 6.4，各级矩阵的一致性比率均小于 0.1，表明判断矩阵具有一致性。

表 6.4　一致性比率表

矩阵	F1	F2	F3	F11	F12	F13
n	4	3	2	3	3	3
CI	0.072	0.009	0.004	0.016	0.021	0.016
CR	0.081	0.016	0.007	0.031	0.037	0.021
矩阵	F21	F22	F23	F31	F32	F33
n	2	3	3	3	2	3
CI	0.002	0.015	0.014	0.015	0.063	0.053
CR	0.002	0.016	0.016	0.016	0.072	0.065

6.2.2.3　指标体系结果分析

从表 6.3 的最终权重指数可以看出，专家一致认为汽车共享城市驱动力主要指社会出行需求指标中的城市人口结构（0.164），也就是社会中的户籍人口占常住人口的比例越小，城市对汽车共享的需求越高，说明了社会人口流动对汽车共享这样的短暂获取使用权的需求；其次是环境空间需求中的大气污染指数 $PM_{2.5}$（0.149），专家认为城市的空气质量会促进城市产生对汽车共享的需求；出行比率（0.135）、道路空间（0.115）、城镇居民人均可支配收入（0.112）和第三产业产值占比（0.105）也具有较高和类似的权重，说明汽车共享可以满足对出行需求、城市空间、经济技术需求等指数的平衡需求；相应地，专家认为人均生产总值（0.067）、人口密度（0.08）和建成区绿化覆盖率（0.073）方面并不是特别重要。从一级指标来看，社会出行需求指标所占权重最大（0.359），其次是环境空间需求指标（0.337）和经济技术需求指标（0.304），说明专家认为汽车共享主要是要解决社会出行需求问题、提升社会福利，其次是要对城市的环境空间有贡献、改进城市的可持续能力。

6.2.3 研究样本选择与数据来源

本书选择华东地区的直辖市和省会城市作为汽车共享服务的评估城市，是由于它们作为该地区人口的主要吸引地和吸收地，是我国城市化后人口增长、需求增长和城市可持续发展之间主要矛盾体现的集聚地。在大力推进城市化进程和高质量发展的同时，它们处于可持续发展的关键转型期，也是中国新能源电动汽车推广的代表性城市。虽然在一定程度上这些城市所处的具体发展阶段不尽相同，但是就汽车共享来说，目前都处于理论和实践的摸索阶段。本部分提出城市可持续发展驱动力因素来分析以上城市发展汽车共享的消费需求，以评价实现消费绩效的宏观驱动力。选取的城市包括上海、南京、杭州、合肥、福州、南昌和济南。

本部分数据主要来源于2016年《中国统计年鉴》和《中国城市统计年鉴》、2016年各省市的统计年鉴、各地区的国民经济和社会发展统计公报、地区政府工作报告和《2016年中国366个城市 $PM_{2.5}$ 浓度排名》。对统计数据进行整合处理，得到各个城市的相关指标数据。为了消除量纲不同对数据分析的影响，对原始数据进行了标准化处理。由于在构建指标时都是正向指标，可以使用 $y_i = 0.1 + 0.9 \cdot \dfrac{X_i - X_{\min}}{X_{\max} - X_{\min}}$，其中 y_i 为评价指标标准化后的无量纲值，X_i 为实测值，$X_{\max}$ 和 $X_{\min}$ 分别为第 i 项指标序列最大值和最小值。综合评价是结合各层级和各项的贡献权重来计算的，综合评价模型为：$Y = \sum_{i=1}^{n} w_i y_i$，$w_i$ 表示权重系数，Y 表示评价指数，n 为某层的因子个数。

6.2.4 评价结果与分析

由表 6.5 的评价结果可以看出：首先，从每个维度来看汽车共享的城市驱动力，各个城市在不同维度的差异是比较大的。上海在各维度上都是第一名，说明该城市在提高交通消费绩效方面具有较强的需求驱动力，这与本书选择在微观层次调研的城市标准相符。从目前现实来看，上海是中国在电动汽车共享方面做得比较好的城市；其他城市差异较大，杭州和南京在经济技术需求指标（F1）和社会出行需求指标（F2）上，分别处于第二位和第三位，但是在环境空间需求指标（F3）上它们的实际驱动力不大；在 F3 指标上，除上海外，济南排在前列，说明该城市对整体环境治理的需求是急迫的，因此需要绿色环保的交通工具帮助提高环境方面的可持续能力。相应地，福州排在了最后，说明在 F3 指标上该城市是比较好的，因此对汽车共享在该维度上可以提供的消费绩效贡献的需求驱动力也低。从各维度的排名来看，福州、南昌和合肥在各方面都排在了后面，说明这些城市对汽车共享的需求在各维度上的驱动力都较低。济南虽然在 F1 和 F2 维度的排名靠后，但是在 F3 方面为第二名，说明该城市需要在绿色交通方面提升，然而不一定需要通过汽车共享来实现，主要是由于在经济和社会维度的驱动力较弱。

其次，在整体汽车共享城市驱动力指标得分方面，分数越高说明该城市发展汽车共享的需求驱动力越高，城市与汽车共享的消费绩效提升潜力越大。根据综合排名可以看出，上海排到了第一名，杭州和南京紧跟其后，这三个城市在分数上也要比其他城市的高得多，说明它们具有良好的与汽车共享服务结合的经济、社会和环境条件。

表 6.5 各城市的指标得分和排名

城市	F1		F2		F3		综合指标	
	得分	排名	得分	排名	得分	排名	得分	排名
上海	0.94	1	0.81	1	0.61	1	0.78	1
南京	0.75	3	0.46	3	0.45	5	0.54	3

续表

城市	F1		F2		F3		综合指标	
	得分	排名	得分	排名	得分	排名	得分	排名
杭州	0.79	2	0.58	2	0.52	4	0.62	2
合肥	0.10	7	0.17	6	0.54	3	0.27	6
福州	0.23	5	0.16	7	0.35	7	0.24	7
南昌	0.18	6	0.23	5	0.43	6	0.28	5
济南	0.50	4	0.29	4	0.59	2	0.45	4

6.2.5 讨论

本部分基于现有城市可持续发展评价研究成果、汽车共享发展的消费需求现实状况，考察了在城市与汽车共享互动中如何提供交通消费系统转变，以提升宏观汽车共享系统给城市交通方面带来的消费绩效。本部分从现有可获得的公开数据和城市可比性的角度考虑，采用经济技术需求指标、社会出行需求指标和环境空间需求指标以及人均或者比率数据对汽车共享城市驱动力进行量化研究。研究结果如下。

（1）从各级的指标权重情况可以看出，汽车共享与城市结合的驱动力最重要的是社会出行需求指标，因此目前仍然处于汽车共享的推广阶段而非全面主流阶段。社会需求的满足和社会福利的提高对城市和汽车共享来说都是最为重要的，是解决现有人民日益增长的美好生活需要和不平衡不充分的发展之间的矛盾，提高社会获取的公平性和能力的关键。其次是环境空间需求指标，说明电动汽车共享在城市内运行的环境空间方面的贡献得到了认可，是目前城市发展汽车共享的重要驱动力之一。最后是经济技术需求指标，在权重上处于最低的位置，并且在低纬度方面的经济技术需求指标（如人均GDP）也是拥有较小的权重，因此在经济方面，城市发展汽车共享的驱动力是比较弱的。

（2）从样本城市的得分和排名情况可以看出，样本城市汽车共享的需求驱动力水平差异较大，反映了在华东地区我国城市可持续发展水平不平衡的现状。从各维度的排名来看，具有相当大的差别，说明城市内部的可持续发展水平也是不平衡的。实际上，汽车共享适合绝大部分的中国城市，它们都具有相应的需求驱动力，然而在分析具体城市背景情况时差异较大，需要仔细区分。汽车共享是介于公共交通和私人汽车消费系统之间的分享型商业系统，并非城市可持续发展的灵丹妙药，要在城市和汽车共享的驱动机制上找到匹配的支持系统和相应的驱动力，探索不同城市发展汽车共享或者分享式交通的合适路径，这样才能更好地为城市的可持续发展添砖加瓦。

6.3 上海发展汽车共享的政策路径

上海市为我国共享汽车发展的排头城市，在政策供给和利益相关者主体协调方面进行了大量的工作，为其他城市发展共享汽车产业提供了借鉴。表6.6摘取了2016—2020年上海市发展B2B汽车共享的支持性举措，其中涉及上海市政府部门、区政府部门、交通及教育等具体部门、企业、商圈、住宅小区等利益相关者。

表6.6 2016—2020年上海市发展B2B汽车共享的举措

条目	主要内容（节选）
《关于本市促进新能源汽车分时租赁业发展的指导意见》（沪府办〔2016〕13号）	贯彻落实国家加快新能源汽车推广应用、开展“互联网+”行动等意见，按照打造“便捷、高效、绿色”的综合交通体系和加强城市交通拥堵及排放治理的总体要求，坚持以纯电驱动为新能源汽车发展的主要战略取向，以加快充电设施布局建设为主要突破口，进一步加大对新能源汽车分时租赁业的政策支持力度，鼓励租赁企业围绕市场需求创新经营与服务模式，满足市民多样化的出行需求。 到2020年底，基本形成覆盖广泛、互联互通的充电设施网络，中心城充电服务半径小于1千米，基本满足中心城4000万人次/年以上的出行需求。全市新能源汽车分时租赁服务网点超过6000个，纯电动车超过20000辆，充电桩超过30000个
《嘉定区新能源汽车推广应用实施方案（2016—2017）》（嘉府发〔2016〕28号）	全力助推新能源汽车分时租赁。拟定我区分时租赁领域扶持方案，在确保完成我区会员数量目标的基础上，采取切实措施提高区域内会员活跃度，积极推广分时租赁商业运营模式，鼓励企业资源共享，建立分时租赁企业联盟，协作开发应用统一的分时租赁服务平台，实时提供网络预约服务，支持分时租赁向全市乃至全国拓展，为共享租赁推广发挥示范作用。 加强商业模式创新研究和实践。鼓励以企业为主体积极探索开展新能源汽车分时租赁以外的定向购买、网络租售等新型商业模式，形成可复制、可推广的应用经验

续表

条目	主要内容（节选）
《崇明世界级生态岛发展“十三五”规划》（沪府发〔2016〕102号）	大力发展低碳交通。加快新能源汽车推广应用，推进充电站点和充电桩建设，力争新能源公交车比重达到100%，实现横沙岛全绿色交通出行。倡导慢行交通和低碳出行，积极发展电动汽车分时租赁，推行多元化公共自行车租赁服务，逐步形成功能清晰的非机动车通道网络。建设500千米生态绿道、自行车绿道，探索设立低碳出行引导区。推动智能网联汽车、无人驾驶汽车等新技术在崇明率先应用
《上海市学校节能环保“十三五”规划》（沪教委后〔2017〕2号）	统筹优化学校资源和师生出行需求，大力发展学校绿色交通。完善校园非机动车和慢行交通网络，推广校园自行车公共租赁模式，合理布局公共租赁网点，优化校园慢行交通环境。支持建立全市学校互联互通、共建共享、统筹协调的新能源汽车应用推广体系。推进学校新能源汽车公共充电设施的建设发展，鼓励第三方参与学校充换电设施、公共数据采集与监测平台的建设，新建850个学校新能源车充电桩。完善新能源汽车分时租赁网点的布局，新增50个新能源汽车分时租赁网点。大力推广学校公共用车采用新能源汽车
《上海市节能和应对气候变化“十三五”规划》（沪府发〔2017〕12号）	优先发展公共交通，坚持并完善小客车管控政策，继续鼓励推广使用新能源和清洁能源车，加大充电设施建设力度，加强智能交通建设和交通需求管理力度，鼓励发展拼车、新能源汽车分时租赁等共享出行模式
《关于印发上海市2017年节能减排和应对气候变化重点工作安排的通知》（沪发改环资〔2017〕25号）	构建高效节能的综合交通体系……促进新能源汽车分时租赁业发展，2017年分时租赁服务网点超过3000个（新增1000个以上）。完善城市慢行交通系统建设，鼓励共享单车健康有序发展
《上海市“十三五”节能减排和控制温室气体排放综合性工作方案》	城市交通领域，优先发展公共交通，坚持并完善小客车管控政策，到2020年，绿色交通出行比重不低于80%……到2020年，新能源汽车达到26万辆，新能源和清洁能源公交车比例达到50%以上，中心城公交基本实现新能源化；加强智能交通建设和交通需求管理力度，支持发展新能源汽车分时租赁、共享自行车等共享出行模式（牵头单位：市交通委。参与单位：市发展改革委、市经济信息化委、市公安局、市规划国土资源局、各区政府等）

续表

条目	主要内容（节选）
《上海市公共机构节约能源资源考核评价办法》	节能工作措施落实情况主要指管理架构建立、节能管理岗位设置、节能制度标准制定、能耗统计、分项计量、能源审计、垃圾分类、水资源利用、宣传培训、节能产品采购、节能改造、节能产品技术推广、新能源可再生能源利用、合同能源管理推进、新能源公务车配置使用情况、新能源车充电桩建设、分时租赁推进、节能资金安排使用情况、节约（水）型公共机构示范单位创建等
《上海市清洁空气行动计划（2018—2022 年）》	进一步落实牌照总量控制政策，完善非营运小客车额度拍卖制度，引导促进定制公交、分时租赁、合乘车等新型绿色共享交通模式规范发展（市交通委牵头，市公安局负责实施）
《上海市小微型客车分时租赁管理实施细则》	规范上海市小微型客车分时租赁的经营行为，促进新能源汽车分时租赁的发展，围绕经营者、车辆要求、服务范围、收费管理、信息安全等方面细化标准和要求。 （1）9 座及以下小微型纯电动载客汽车； （2）安装人脸识别装置； （3）安装符合规定标准的车载卫星定位和应急报警装置； （4）符合客运服务规范对车辆的其他要求
《上海市促进在线新经济发展行动方案（2020—2022 年）》	大力发展新型移动出行。推进智能网联汽车商业化场景应用，拓展汽车后市场服务，鼓励发展分时租赁共享汽车，探索自动驾驶出租车等出行新方式，加快“人—车—路—云”协同的基础设施建设，打造智慧出行服务链（责任部门：市交通委、市经济信息化委、市公安局、市发展改革委、市科委）

6.4 本章小结

本章从城市与汽车共享互动的宏观视角，首先探讨了汽车共享供给方式的绩效实现机制，发现不管是采用市场供给模式还是合作供给模式，都需要考虑微观消费绩效的实现和宏观发展目标。其次，通过在经济、社会和环境发展方面构建城市汽车共享城市驱动力指标，发现了汽车共享与城市在社会需求维度最为重要，进而考察了华东 7 个城市的汽车共享驱动力指标得分情况，并根据结果展开了讨论。

第 7 章

汽车共享的可持续消费绩效分析和治理研究——不同模式的比较研究

1992 年里约热内卢地球首脑会议提出可持续生产和消费框架后，许多国家积极发展循环经济，但着重于生产和末端处理环节，在提高资源生产率、减少环境问题等可持续生产方面取得了一定的进步。然而，仅仅依赖于提高生产环节资源生产率的策略，并不能根本解决由于增加的和过度的消费所导致的环境问题。这让我们重新审视现有的可持续发展战略，重视消费水平和方式的转型升级。但是，在可持续消费方面，具体实施的效果并不显著，由于最终的落脚点在于满足个体需求以及生产环节的绿色化，现实中却忽视市场需求或者产生可能的“反弹效果”（Rebound Effect），而市场和政府却认为“我们尽力了，消费者不改变行为我们也没办法”，导致消费者成为不可持续消费现象的“替罪羊”。实际上，实现消费水平改变和消费模式的转型升级并不仅仅是由绿色生产和消费所决定的，还需要相应的生产环节、社会环境、商业模式以及政府方面的政策协同发展。

与传统所提倡的绿色消费不同，分享经济是基于商业和实践的消费转型，Grabs et al.（2016）认为分享经济所形成的并不完全是个人主导的绿色消费模式，而是集体和社会共同引导的合作型消费模式，应该加强个体层、集体层和社会层之间的互动，从而实现更加可持续的消费模式。但是，可持续发展从来不是一蹴而就的，而是一个动态的适应、学习和行动的过程，需要通过利益相关者之间的积极对话和面向可持续的治理不断调整，以及改进社会经济的各种关系来实现。由此，本章将分享经济作为实现可持续消费的实践系统，对可持续消费与可持续生产一起进行讨论，来探索消费绩效的改进路径，并引入可持续科学的研究方法和治理框架来处理分享经济异化所带来的问题。同时，本章不仅仅分析B2C的汽车共享，还将P2P汽车分享引入进行对比，根据这些分享系统的最初设计理念，基于消费绩效分析与可持续改进模型，在各个维度方面分析其发展现状和问题，以便有的放矢地指导分享交通的发展和政策研究。

7.1 理论基础和研究框架

7.1.1 可持续消费绩效的概念分解

1994年联合国环境署定义可持续消费为："提供服务以及相关产品以满足人类的基本需求，提高生活质量，同时使自然和有毒材料的使用量最少，从而不危及后代的需求"。Heiskanen and Pantzar（1997）将可持续消费界定为："一种满足当代人的需要而不损害子孙后代需要的消费活动"。2001年联合国环境署再次对可持续消费进行解释，认为可持续消费涵盖了为满足生命的基本需求，保证人类各个世代的持续发展，同时减少环境破坏对人类健康的危害等目标而必需的具有可持续特征的一系列目标和手段。由于其涉及活动宽泛，可持续消费被认为是一个概括性的概念，包括人类需求、公平、生活质量、资源效率、废弃物最小化、全生命周期思维、消费者健康与安全、消费者主权等内容。然而根据以上定义很难进行理论和操作方面的界定和指导，因此本章根据生态经济学的基本理论，认为可持续消费的概念核心是可以达成消费效用与资源消耗脱钩的消费模式，即在资源消耗最小化的同时尽可能提高消费效用。

新古典经济学认为经济系统是独立于生态系统自运行的，只关注"生产—产品—效用"的关系，资本和劳动力是生产资料，自然就形成了人造资本并完成了效用的实现，而随之出现的环境问题属于市场失灵的情况。生态经济学认为经济系统是内生于环境系统的，应该关注"资源—生产—产品—效用"的关系，需要在保证效用稳定增长的情况下资源消耗不变或者降低，达到效用与物质、物质和资源消耗之间的双脱钩发展。根据生态经济学理论，我们可以将可持续消费的概念表示为这样的消费绩效：可持续消费 = 需求满足/资源消耗。该概念公式可展开为：

$$\text{可持续消费} = \frac{\text{需求满足}}{\text{资源消耗}} = \underset{(1)}{\frac{\text{物质产出}}{\text{资源消耗}}} \times \underset{(2)}{\frac{\text{需求满足}}{\text{物质产出}}} \tag{7.1}$$

比率（1）是生产效率，分子为物质产出的实现（物质产出），分母为自然资源的消耗投入（资源消耗），该比率要求尊重地球资源边界和后代的权利，通过减少资源开采和使用的数量达到相同的生态系统服务水平，亦称为技术效率，从给定的资源投入中获得最大数量的产品产出，这是在生产阶段所追求的；比率（2）是物质的需求满足程度，分子为需求效用的满足（需求满足），分母为物质产出数量（物质产出），该比率考虑使用更少的物质来实现更多的需求满足，要求对需求精准把握。从新古典经济学角度来看，涉及的生产和消费活动在比率（2）中完成，没有考虑人造资本的来源，通过劳动和资本完成了生产，并在供需市场中自动形成均衡。生态经济学下的消费则考虑了自然资本与人造资本之间的关系，以尽可能减少资源消耗实现需求满足。式（7.1）中，一方面重视的是提高生产领域中的资源生产率，希望生产的产品尽可能地和消费者需求有效对接，但是又在消费端采用“一切照旧”的产品提供方式，由消费者被动选择，被称为弱可持续消费。具体来看，弱可持续消费采用生产者高效生产、消费者绿色购买和末端回收的“改良型”策略，存在阶段性的断层，生产和消费之间关系较弱。同时弱可持续消费对消费者的生活方式和思维方式改变很小，更不会改变整个经济社会系统，主要将专注力放在了可持续生产上面而非消费过程上。当然这会在很大程度上提高资源生产率，但是在消费层面上的数量控制做得仍然不够，会引起反弹效应。另一方面，这种绿色消费是一种单向的利他行为，在缺乏其他行动者有效回应下，会产生“这样做为了什么”的质疑。

进一步讲，可以将产品与服务进行分离，这样形成可持续消费的绩效分解式：

$$\text{可持续消费}=\underset{\substack{(3)\\\text{生产效率}}}{\frac{\text{物质产出}}{\text{资源消耗}}}\times\underset{\substack{(4)\\\text{维护效率}}}{\frac{\text{使用时间}}{\text{物质产出}}}\times\underset{\substack{(5)\\\text{服务效率}}}{\frac{\text{服务供给}}{\text{使用时间}}}\times\underset{\substack{(6)\\\text{服务效果}}}{\frac{\text{需求满足}}{\text{服务供给}}}\qquad(7.2)$$

式（7.2）中比率（3）与式（7.1）中的比率（1）一样，都是生产效率。将（7.1）中的比率（2）进行更加深度的分解，由此可以得到：比率（4）是物质产出的维护效率，分子为使用时间，分母为物质产出，这一比率体现了单位物质产出的耐用度和可维护程度，是对物质进行维护的能力。比率（5）是服务效率，分子为服务供给，分母为使用时间，这一比率体现了在使用时间内可以提供的服务数量有多少，衡量对服务进行管理的能力。比率（6）是服务效果，需求满足指对服务所提供的需求效用的满足情况，包括需求效用满足的质量和数量，该比率代表对服务满足需求的过程进行管理的效果。最终得到：可持续消费 = 生产效率 × 维护效率 × 服务效率 × 服务效果。

式（7.2）的分解给我们展开了另一种可能，即产品不是消费的目的，服务才是满足需求的必须，并且将消费变成了一定程度上可进行生产管理的过程。在过去的大量研究中，可持续生产和消费被放在了两种不同的情境之下，由于其行为发出的主体不一样，供给方企业和需求方消费者属于离散的个体，而未真正将生产和消费置于同一框架之中。实际上，可持续消费和可持续生产之间存在着相互依托的关系，产品服务化过程的深入使得生产向消费领域蔓延，可持续生产和消费之间的界限越来越模糊，成为一个连续体，生产与消费紧密相关。尤其在互联网的加速催化下，传统被动的消费者逐渐成为主动的管理者和产消者。这种生产与传统意义上由企业主导的生产方式并不一样，是属于后生产阶段的“微”生产，而可持续消费则被置于产消过程之中进行管理。Fuchs and Lorek（2005）认为强可持续消费是一个系统设计的过程，承认弱可持续消费的必要性，但需要用一定的方式将生产和消费环节进行融合，而非对立，因此关注的焦点应转移到主动参与生产的个体以及那些形成集体行动的因素上。

本部分以生态经济学的视角对可持续消费的概念进行了分解，而且较详细地对可持续消费所涉及的各个环节（包含生产部分）进行了介绍。

7.1.2 可持续研究框架：P－S－R 模型

2012 年联合国全球可持续发展报告指出，“可持续发展不是结果，而是一个动态的适应、学习和行动的过程。它是关于相互联系的认识、理解和行动”。因此，应该使用面向过程的方法对可持续绩效进行评估和改进。

P－S－R 模型是 OECD（经济合作与发展组织）和 UNEP（联合国环境规划署）所提出的基于因果关系动态研究的分析思路，诸大建（2016）将其作为可持续科学 2.0 版的重要研究方法，用来分析可持续发展的过程，将理论探讨与政策变革相结合，从而推动可持续转型与政策创新。其中，P（Pressure）表示问题的压力或者驱动力，S（State）表示问题的当前状态，R（Response）表示解决问题的对策，用来解释可持续发展中“发生了什么，现在的状况是什么，以及我们将如何应对”这三个基本问题，从而给出系统性的诊断和分析。对策包括针对状态的应急性对策（S－R）和压力的根本性对策（P－R），从可持续发展角度来看，研究问题和解决问题要强调标本兼治和全过程思考，因此这两条路径具有相互影响作用和实现顺序：首先要有应急性的对策，应急性的对策有缓解显性矛盾的作用；另一方面，应急性对策只是显性问题的暂时解决，必须要深入根本性问题，以此来实现问题的根本解决。应该注意的是，应急性的对策在面对创新性转型的问题时会采用激进或者停滞甚至倒退的方式，不一定会进入问题的本质，需要利益相关者合作对话，抓住根本问题，通过前后往复的、动态的、迭代的解决过程，达到更加可持续的状态。

7.1.3 可持续消费绩效分析模型

从理论角度对可持续消费概念进行分解，给我们提供了如何在分享经济的场域下，将可持续消费的绩效与分享经济实践的绩效连接起来，即设定参与到分享系统中的用户所进行的活动可通过提升分享系统的效率绩效来得到更加可持续的消费和社会结果。

一般地，P－S－R 模型用于评估系统绩效及改进可能，为面向可持续的治理提供建议参考。根据上文的理论分析，本章建立起可持续消费绩效分析模型，横向将具体实践的消费绩效分为生产效率维度、维护效率维度、服务效率维度和服务效果维度，表示消费绩效的实现需要在各个维度上提高，总体绩效维度作为防范性维度表示整体性情况；纵向表示可持续过程：S 表示系统的绩效状态，P 表示绩效的影响原因，对策层（R）表示针对提高绩效而实施的应急性对策（SR）和针对根源应实施的根本性对策（PR）。由此，本章将基于可持续消费绩效分析模型，验证和评价分享交通的问题以及解决方案，提出分享交通的基本治理框架（见表 7.1）。

表 7.1　可持续消费绩效分析模型

过程		维度				
		总体绩效维度	生产效率维度	维护效率维度	服务效率维度	服务效果维度
P						
S						
R	SR					
	PR					

7.2　分享经济场域下可持续消费绩效分析——以共享交通为例

7.2.1　方法和数据来源

本章采用质性研究方法。由于分享交通在国内发展时间尚短，其中量化数据的可得性较差，因此基于质性研究的扎根理论是本书的主要方法依据。通过非干扰性观察、访谈、文献查阅、政策法规和新闻等方式收集数据，其中访谈对象包括网约车司机、分享平台用户、分享企业管理人员、政府人员、相关专家等近百人，主要收集内容包括分享交通相关研究对象的现状，在相应的绩效维度上存在的问题和处理手段，系统设计上的原则等，并在收集时注意数据的“三角印证”关系。

7.2.2　B2C 汽车共享

B2C 汽车共享是通过使用型的新增量替代拥有型的旧存量的产品服务系统，用购买服务去替代产品本身，目的在于通过更高绩效的使用型新增量替代拥有型旧存量，抑制个体增量需求。

B2C汽车共享由汽车共享企业为用户提供汽车共享服务，车辆需要停在规定位置，计时收费、按需使用，大部分为电动汽车。由于在使用过程中几乎没有碳排放，这是一种可持续能力特别强的交通消费方式。即便如此，汽车共享在发展和实践过程中仍然存在问题，根据产品服务系统的设计和实施要求，基于各个消费绩效维度进行分析（见表7.2）。

表7.2　基于B2C共享汽车的可持续消费绩效分析

过程		维度				
		总体绩效维度	生产效率维度	维护效率维度	服务效率维度	服务效果维度
P		用户规则和共享意识不足；需求的潮汐现象；城市空间管理与企业活动	低生产效率生产线和供应链；使用不环保的材料；缺乏可循环能力	低质量的产品竞争；回收系统设计；用户规则和共享意识不足	用户规则和共享意识不足；企业科学规划和调度能力不足	用户规则和共享意识不足；城市空间不友好
S		使用型新增量替代拥有型的旧存量	资源使用效率	折损率；回收率	分享率；供需匹配效率	利益相关者满意度；终端用户采纳度；市场占有率
R	SR	原有的城市管理方法和空间分配的系统	监控和降低生产过程中的排放和资源使用	使用耐用、质量好的产品；大规模投放；加强维修	高密度、无控制的投放量；策略性鼓励用户使用产品	惩罚乱停放的用户和企业
	PR	培养用户共享意识；确保租赁替代产品购买；实现城市分享空间与分享实践的平衡	绿色供应链；使用新的生态材料；“摇篮到摇篮”全生命周期设计；生产者延伸责任制	可修理、退回和循环的系统和产品设计；提高车辆质量和安全的准入门槛；建立制度规制不良行为	教育和培养用户共享意识；大数据支持企业合理、智能调度的能力；减少产品的运输和调配时间和资源消耗	培养用户共享意识；建立和重新分配面向共享友好的城市空间；合理控制发展的数量和质量；创新合作制度

从生产效率维度来看，提高资源生产率，要求使用生态、可循环和耐用的材料制造共享汽车，具有循环能力的全生命周期设计和生产者责任制度比仅仅监控和降低生产过程中的排放和资源使用更加具有根本性治理作用；从维护效率维度来看，问题在于出现较高的车辆毁坏率，然而部分公司为了快

速铺开市场，采用低成本和低质量的车辆，因此应提高质量准入门槛，加强车辆重要主体和安全部件的强度，采取模块化设计，在最低资源消耗成本下可完成各部分零件的快速置换，保证安全性和耐用度，同时使用有效的信用系统管理用户不良行为并促使用户养成共享意识；从服务效率维度来看，要注意单车的分享率，即单位车辆单位时间内可服务人次，提高车辆的使用密度和服务匹配效率，应急性对策为高密度的投放量，策略性鼓励用户使用产品，但部分异化为没有规划地乱投放，应培养用户共享意识以及使用大数据支持企业低成本的调度能力；从服务效果维度来看，乱停放和利益相关者的冲突是问题的显性表现，背后存在用户规则和共享意识不足以及城市空间不友好的问题，应培养用户共享意识，建立自行车友好的城市空间，确定共享单车在城市交通中的角色和地位。

从整体的绩效维度来看，共享汽车为人们低碳出行提供了重要手段，有助于低碳城市交通的发展。异化的方向在于共享汽车企业各自为政，投放缺乏科学规划，影响城市管理，需要企业、政府和用户以及相关利益者共同协商治理，用规模控制的供给满足增长的服务需求。

7.2.3 P2P 分享交通

P2P 分享交通包含个人之间的车辆租赁和共乘出行（Ride - sharing），通过互联网共享平台以有偿的 P2P 分享作为其商业应用的基础，车辆的空置时间和车辆内的空置座位都可以作为商品提供给他人。P2P 分享的目的在于充分利用现有车辆，减少整体拥有的潜在数量和使用规模，同时能够提供更好的交通效用。

然而，这些分享实践在国内经过了几年的发展，相比与系统设计初衷，产生了一定程度上的异化（见表 7.3）：首先是个人之间的车辆租赁市场不发达；其次是共乘出行向车辆增量化和参与者职业化方向发展。以汽车分享为例，从生产效率维度来看，主要关乎汽车在使用过程时所产生的尾气排放问题。这可从提供服务的车辆要求上做出规定，即提供更加环保和绿色的汽车，从而在生产效率维度上实现更少的尾气和污染排放，这个维度实际上与绿色生产和消费有关，亦与共享平台进入门槛有关。从维护效率维度来看，汽车属于耐用品，然而高使用强度可能带来安全性降低和寿命减少，因此仅仅控制车辆性质并不一定可以提高整体的消费绩效。可对提供共享服务的车辆采用专门的维护系统，实现对车辆性质的有效转换和控制，以保证安全性和耐用度。从服务效率维度来看，一般来说，车辆每天平均使用时间不超过 1 个小时，而且大部分是司机单独使用，存在可共享的空间，问题在于个人将现有的物质产品存量转为服务的意愿和供需匹配的困难。应急性的应对策略是为租赁公司和专职司机提供专门的“类出租车”服务，甚至采取高补贴，但是可能出现供给服务和车辆同时增加的结果，导致从个体分享异化为专业的出租车，引起路面上出现更多的车辆并形成与传统行业之间的不公平竞争。从服务效果维度来看，由于 P2P 双边的特点，在考虑服务效果上要从供需双方甚至利益相关者多方角度进行考虑，即同样的服务下各方满足程度越高，服务效果越好。为提高服务的吸引力，可采取高额补贴的手段，将问题异化为最终个人机动交通里程数增加。然而实际上存在的信任问题、信息不对称以及服务期望程度和实际不相符的问题却没有完全解决。这种异化现象应通过在一定经济吸引力的基础上充分说明双方参与的责任和义务，采取双向评分系统提高信任，对评分低的用户进行教育甚至剥夺使用权来解决。

表 7.3　基于 P2P 分享交通的可持续消费绩效分析

过程	维度				
	服务效果维度	总体绩效维度	生产效率维度	维护效率维度	服务效率维度
P	存量的数量；分享率和分享能力	原有的能源消耗和尾气排放系统	原有的维护系统	私家车车辆拥有者参与共享的动力弱；供需匹配的效率低	信息不对称；信任；合法化空间；不公平竞争
S	需求满足与物质消耗同比增长；增量满足需求	能源消耗量；尾气排放量	原有的维护效率；高使用强度带来可能的安全性和寿命降低	分享率；服务匹配效率；路线合理规划能力	利益相关者满意度；终端用户采纳度

续表

过程		维度				
		服务效果维度	总体绩效维度	生产效率维度	维护效率维度	服务效率维度
R	SR	原有法律框架下治理 P2P 交通分享	鼓励服务提供者和用户使用更加绿色环保的车辆	修改车辆性质，控制寿命	补贴；租赁公司提供车辆；专门购置车辆和专职司机	补贴等经济手段提高用户接纳与使用强度；强调自身的可持续贡献
	PR	严格控制参与服务类型；控制增量和规模，盘活已有的存量	汽车厂商生产绿色、低碳和新能源汽车；用户购买和使用更加绿色的交通方式	针对共享服务的车辆维护系统；保证安全性和耐用度的平衡	提高平台算法，提高服务匹配效率；策略提高私家车拥有者；提高拼车比率；对车辆和司机的来源控制	提高人们参与共享共乘的动力；优化信任和契约系统；寻找可能的合法化空间；公平竞争

从整体的绩效维度来看，异化出现的问题主要是增量满足需求，根本在于存量的数量和分享率和分享能力，由此形成了需求满足与物质资源消耗同比增长，没有利用好已有存量的分享来实现系统的可持续能力，应严格控制增量和规模，防止共享异化，实现公平竞争。

通过以上的分析我们发现，由于只针对效率方面的提高，P2P 分享交通对通过盘活已有的存量来减少增量的促进作用较小，反而使得更加职业化的租赁公司、专职司机和更多的增量出现。如国内发展 P2P 汽车共享存在一个很大的问题，就是我国私家车的千人保有量是相对低的①，而愿意提供共享服务的私家车和车主数量少。P2P 平台是双边（或多边）市场，为了吸引更多的用户和资源，平台不得不通过价格补贴、降低进入门槛和采用第三方汽车租赁的方式快速打开供给和需求市场。Ma et al. （2017）对平台企业运营结构调查后发现，中国的 P2P 汽车共享一部分是现有的私家车和租赁车接入平台，另一部分是本来自用需求没有那么强烈的个人，但是由于收入的吸引力而专门购买车辆（可能是自购或者通过中间公司租赁式购买）。

① 中国 2019 年千人汽车保有量约 180 辆，截至 2019 年底，全国汽车保有量大约 2.6 亿辆，私人汽车保有量 22635 万辆。

如表7.3所示，P2P分享交通在服务效率维度出现了严重异化，导致在结果上出现了需求满足与物质消耗同比增长的情况，主要是由于现有存量分享问题以及人们的产消和分享意识与分享实践发展步调的不一致。从可持续的角度来看，在商业逐利的推动下，一些分享平台选择“正确地做事”（效率的提升）而非“做正确的事”（物质资源与福利效用脱钩），使整体绩效降低，分享实践的可持续能力变弱。因此，需要进行治理和引导，同时加强社会学习，促进共享经济场域下消费可持续转型。

7.3 讨论

分享经济通过对消费模式的改造，将物品供给转换为服务供给，实现物品的集约化使用，达到需求满足和物质资源消耗脱钩的目的。它改变了传统消费需求实现的过程。然而，在具体的实践中，往往会遇到各种问题而发生模式的异化。本章基于消费绩效分析分享交通的可持续能力和异化问题，研究更加根本性的应对和改进策略，有力支持以商业和社会分享实践为基础的消费模式转型。

基于上文的分析，P2P的分享异化主要原因是社会本身的拥有量不够、共享意识以及能力不足，导致通过增量提供以满足商业模式的持续；B2C的分享异化主要原因是整个产品系统设计缺乏循环经济“3R”（Reduce、Reuse、Recycle）的设计理念，对用户分享能力的控制和治理考虑不足，对城市空间存在一定不合理的争夺，但是该模式对整体（潜在）资源控制存在非常好的可持续潜力和较为广泛的适用性。因此，分享经济的两种基本模型，P2P分享适合于现有资源充足的发达国家（区域或行业），B2C分享适合于还在增量的发展中国家（区域或行业）。在实际应用中应根据不同的社会经济背景和城市发展愿景进行分析，目的都是尽可能在生产和消费环节实现资源消耗和需求满足脱钩发展。

为了实现消费绩效的进一步改进，我们从消费绩效分析与可持续改进模型中（见表7.2和表7.3）提取出分享交通主要的利益相关者，提出分享交通的基本治理框架。在引导社会从高碳消费到低碳消费的基础上，企业和用户之间建立信用契约，采用市场化的手段刺激分享社会的形成，通过市场教育扩宽分享经济的受众面，从而在最短的时间内完成对市场的教育，快速完成行为变化；政府需要引导和加强受众的相关认知，控制市场异化程度，协作完成整体绩效的提升；政府以法律法规的形式保障用户和企业相应的利益，政府与企业建立合法化空间，与企业携手搭建分享城市和社会的根基（见图7.1）。

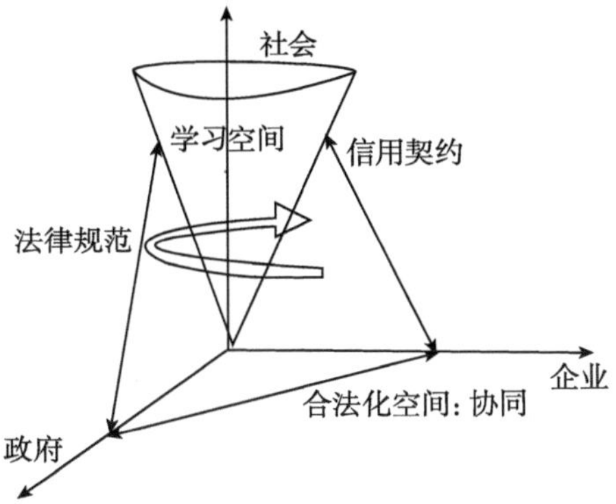

图7.1 分享交通治理框架

由于使用而非拥有，分享经济模糊了传统生产和消费环节泾渭分明的界限，要求在消费环节进行“微生产”，然而这需要消费者从被动的服务和商品的接受者变为主动的“微生产”环节的产消者和参与者。消费者角色的转变不仅需要认知和文化转变，更需要进行社会学习。分享实践给了转型和学习的机会，但在一定程度上忽视了现实社会认知、个体行为以及整个经济社会环境的背景与分享经济要求的不一致，形成了各种异化的对策和行动。然而，我们也必须注意到这些商业给社会带来的学习的机会，认识到转型从来就不是一蹴而就的，而是需要首先“干中学”、然后“学中干”这样“干”和“学”往复的过程。

7.4 本章小结

本章研究了以下几点内容：①基于过程提出了可持续消费绩效分析模型，从分享交通的实际应用出发，发现某些应急性对策导致整个系统的可持续能力降低，根据不同的分享模式发现相应的异化问题，并针对导致异化的发展路径进行治理；②通过对分享交通的分析，发现不同的分享模式适合不同的应用环境，P2P 分享适合应用于现有资源充足的发达国家（区域或行业），B2C 分享适合应用于还在增量的发展中国家（区域或行业）；③根据该模型在分享交通领域的应用，提出了分享交通的基本治理框架，认为分享经济提供了向更加可持续发展的可能，但需要通过各主体协同合作，实现社会学习和转型。

第 8 章

结论和展望

8.1 研究结论

分享经济被认为是具有可持续潜力的商业模式，改变了现有的拥有型消费模式，需要对其消费绩效的实现机制进行研究探索。本书通过对分享经济消费绩效相关理论的梳理，以 B2C 电动汽车共享为研究对象，从分享系统与个体互动的替代机制和分享系统与城市互动的驱动机制入手进行研究，建立了汽车共享消费绩效实现机制模型。具体的研究结论如下。

（1）分享经济的消费绩效实现需综合考虑微观和宏观主体，可以通过 DPSIR 分析框架联合构建其消费绩效实现理论模型。

分享系统往往需要综合地连接微观和宏观主体，本书从分享系统与个体互动的替代机制和分享系统与城市互动的驱动机制入手进行研究，通过 DPSIR 分析框架将两种主体互动关系有机地联系在一起，以实现汽车共享更高的可持续绩效共同作用。

（2）在微观层面，需要辨清消费方式的变化和消费绩效提升的价值和结果，同时需要注重“公地”性质所带来的风险。

① 汽车共享消费及替代消费之间的作用机制。本书对汽车共享消费行为进行了定义，将其定义为两种消费类型：一个是以使用为核心的使用消费，另一个是兼顾使用和协作的协作消费。本书通过结构方程模型验证了这两个消费类型之间不存在相互的作用机制，即两者之间不存在相关关系，但是两

者都对替代消费行为意向产生正面的影响。也就是说，个体会由于参与了汽车共享消费产生替代消费，说明汽车共享系统与传统拥有型汽车消费之间存在着替代和竞争的关系。

② 系统价值认知对替代消费行为意向的作用机制。结合“方法—目的链”的质化研究方法，将系统价值认知划分为绩效价值、经济价值、社会价值、环境价值和享乐价值 5 个维度，进行了探索性因子分析并通过了验证性因子分析，得到对二阶变量的系统价值认知测量。通过结构方程模型验证了系统价值认知不仅对使用消费行为意向、协作消费行为意向和替代消费行为意向的正向显著作用，而且通过使用消费行为意向和协作消费行为意向的中介效应对替代消费行为意向亦有间接正向的显著影响。说明提高人们对于汽车共享系统会带来的价值认知会产生直接的使用消费行为、协作消费行为和替代消费行为，有效实现提高个体交通消费绩效。

③ 系统风险认知对替代消费行为意向的作用机制。根据汽车共享系统的“公地”性质，将系统风险认知分为稀缺性风险认知和互惠性风险认知，并进行了探索性和验证性因子分析。通过结构方程模型验证了稀缺性风险认知对使用消费行为意向、协作消费行为意向和替代消费行为意向的负向显著作用，而且通过使用消费行为意向和协作消费行为意向的中介效应对替代消费行为意向亦有负向显著影响。互惠性风险认知对使用消费行为意向具有负向显著作用，并通过使用消费行为意向对替代消费行为意向有负向显著影响。说明两种系统风险认知在对替代消费行为意向上存在负面作用，应对此进行适当的治理和引导，从而提高汽车共享对传统拥有型消费的替代能力，从而更好地实现更高的消费绩效。

④ 个体特点和获取特点对替代机制模型的调节机制。基于结构方程，本书证实了性别、是否有私家车和距离站点的距离作为调节变量对机制的存在显著影响，而其他控制变量如婚姻状况、教育程度、收入等均不存在显著影响。具体来看，性别对稀缺性风险认知到使用消费行为意向、稀缺性风险认知到协作消费行为意向和稀缺性风险认知到替代消费行为意向的路径上起调节作用，女性比男性更易受到稀缺性风险认知的影响，进而影响女性人群的行为意向。私家车特征在稀缺性风险认知到使用消费行为意向、系统价值认

知到替代消费行为意向和协作消费行为意向到替代消费行为意向的路径上起调节作用，无私家车的人群在各路径上的影响作用更大；站点距离特征在稀缺性风险认知到使用消费行为意向、互惠性风险认知到使用消费行为意向、系统价值认知到替代消费行为意向和协作消费行为意向到替代消费行为意向的路径上起调节作用，距离站点近的人群在各路径上的影响作用更大。

（3）城市与汽车共享的驱动力机制研究。

基于城市与汽车共享互动的宏观视角，本书发现汽车共享供给方式的绩效实现，不管是采用市场供给模式还是采用合作供给模式，都需要考虑微观消费绩效的实现和宏观发展目标。另外，本书建立以可持续发展的三重底线作为城市发展汽车共享的可提供的消费绩效的需求基础，在经济、社会和环境发展方面构建城市汽车共享城市驱动力指标，发现在社会方面城市与汽车共享的驱动力最为重要，环境和经济处于次位，说明汽车共享系统的建立更直接服务的是化解或者缓解城市化压力下的人们需求与城市供给之间的矛盾。

（4）分享经济场域下可持续消费绩效分析和治理研究。

本章以 B2C 汽车共享和 P2P 汽车共享为例，通过对分享交通的分析，发现不同的分享模式具有不同的适合应用环境，P2P 分享适合于现有资源充足的发达国家（区域或行业），B2C 分享适合于还在增量的发展中国家（区域或行业）；根据该模型在分享交通领域的应用，提出了分享交通的基本治理框架，认为分享经济提供了向更加可持续发展的可能，但需要通过各主体协同合作，实现社会学习和转型。

8.2 研究不足和展望

本书试图围绕消费绩效来说明分享经济实现其可持续能力的机制，也进行了相关的理论分析和实证分析，得出了一些有益的结论，回答了本书的问题。框架虽具有合理性，但依然存在着不足之处，有待进一步深入研究。

在整体模型的构建方面，存在的不足主要有以下两方面：一是对消费绩效的定义存在一定的模糊，没有进行具体的定量分析，将汽车共享的可持续消费绩效提升作为研究的潜在假设前提；二是本书主要探讨了基于消费绩效实现机制下的个体与分享系统和城市与分享系统之间的关系，并未探讨城市与个体和三者之间的关系，其原因在于另外的两种关系比较复杂，已经超越了本书的范围。因此，其他的关系研究可以作为将来的课题。

在分享系统与个体互动的替代机制研究方面，存在的不足主要体现在以下三个方面：一是在消费绩效的结果方面，由于很难进行计算，本书以替代消费作为绩效结果的表示，具有一定的不精确性，但是其他研究（Palgan et al.，2017）认为替代消费是目前分享经济在可持续方面最为直接的影响结果，因此本书采用了该方式，之后会探索其他的方式。二是在关键影响因素上，本书是基于系统本身给个体带来的价值和风险认知进行的研究，具有主体间交互的直接性，然而，对协作消费是否存在其他的影响机制，为什么使用消费和协作消费之间没有相关关系没有涉及。这些可以作为未来的研究问题。三是在样本的代表性上，由于大样本调查采取的方法是网络调查，有可能存在一定的偏误，造成样本和结论的不准确，在以后的研究中应尽量扩大样本，以保证模型估计的精确性。

在分享系统与城市互动的驱动机制方面，存在的不足主要体现在两个方面：一是该部分探讨供给模式只有市场供给模式和与政府的合作供给模式，实际上存在多种其他的供给模式，在本书中没有探讨（如与社区合作）。二是在汽车共享的城市驱动力指标构建方面不尽科学和完整。在指标的选择上，本书主要基于目前可能的公开数据渠道选择相关指标，以实现相应的实证研究。未来有待提高数据获取能力，以建立更加科学和完整的指标体系。

附录 A

数据的描述性统计

附表 A.1　小样本数据的描述性统计

变量	N	最小值	最大值	平均值		标准差	偏度		峰度	
	统计量	统计量	统计量	统计量	标准误差	统计量	统计量	标准误差	统计量	标准误差
PV1	158	1	5	4.266	0.08	1.0058	-1.697	0.193	2.854	0.384
PV2	158	1	5	4.146	0.0787	0.9893	-1.416	0.193	2.063	0.384
PV3	158	1	5	4.203	0.0792	0.9953	-1.517	0.193	2.278	0.384
EV1	158	1	5	4.057	0.0768	0.9659	-0.974	0.193	0.645	0.384
EV2	158	1	5	3.854	0.0792	0.9957	-0.683	0.193	0.135	0.384
EV3	158	1	5	4.019	0.081	1.0188	-0.917	0.193	0.37	0.384
EnV1	158	1	5	4.165	0.0787	0.9895	-1.256	0.193	1.284	0.384
EnV 2	158	1	5	4.013	0.0818	1.0282	-1.058	0.193	0.748	0.384
EnV3	158	1	5	4.146	0.0745	0.9364	-1.191	0.193	1.347	0.384

续表

变量	N	最小值	最大值	平均值		标准差	偏度		峰度	
	统计量	统计量	统计量	统计量	标准误差	统计量	统计量	标准误差	统计量	标准误差
EnV 4	158	1	5	4. 000	0. 0842	1. 0588	-0. 978	0. 193	0. 396	0. 384
EnV 5	158	1	5	4. 095	0. 0755	0. 9496	-1. 096	0. 193	1. 227	0. 384
SV1	158	1	5	3. 886	0. 0783	0. 9838	-0. 744	0. 193	0. 305	0. 384
SV2	158	1	5	4. 215	0. 0748	0. 9399	-1. 376	0. 193	1. 993	0. 384
SV3	158	1	5	4. 127	0. 0787	0. 9887	-1. 259	0. 193	1. 49	0. 384
SV4	158	1	5	3. 658	0. 0915	1. 1498	-0. 471	0. 193	-0. 7	0. 384
SV5	158	1	5	4. 070	0. 0783	0. 9847	-1. 154	0. 193	1. 11	0. 384
HV1	158	1	5	4. 152	0. 0779	0. 9786	-1. 301	0. 193	1. 502	0. 384
HV2	158	1	5	4. 171	0. 0768	0. 9656	-1. 253	0. 193	1. 454	0. 384
HV3	158	1	5	4. 133	0. 0746	0. 9382	-1. 207	0. 193	1. 591	0. 384
HV4	158	1	5	4. 114	0. 074	0. 9305	-1. 19	0. 193	1. 629	0. 384
SR1	158	1	5	4. 108	0. 077	0. 9682	-1. 199	0. 193	1. 516	0. 384
SR2	158	1	5	4. 032	0. 0759	0. 9538	-0. 911	0. 193	0. 601	0. 384
SR3	158	1	5	4. 032	0. 0775	0. 9737	-0. 986	0. 193	0. 814	0. 384
SR4	158	1	5	3. 633	0. 0922	1. 1585	-0. 515	0. 193	-0. 646	0. 384
RR1	158	1	5	3. 608	0. 0893	1. 1221	-0. 519	0. 193	-0. 499	0. 384
RR2	158	1	5	3. 633	0. 0877	1. 1021	-0. 589	0. 193	-0. 118	0. 384
RR3	158	1	5	3. 500	0. 0897	1. 1273	-0. 432	0. 193	-0. 493	0. 384
RR4	158	1	5	3. 835	0. 0761	0. 9568	-0. 636	0. 193	0. 13	0. 384

续表

变量	N	最小值	最大值	平均值		标准差	偏度		峰度	
	统计量	统计量	统计量	统计量	标准误差	统计量	统计量	标准误差	统计量	标准误差
ACBI1	158	1	5	4.057	0.0697	0.876	-1.033	0.193	1.517	0.384
ACBI2	158	1	5	4.019	0.0748	0.9407	-1.014	0.193	1.138	0.384
ACBI3	158	1	5	4.019	0.0732	0.9202	-1.131	0.193	1.585	0.384
CCBI1	158	1	5	4.120	0.0715	0.8984	-1.415	0.193	2.818	0.384
CCBI2	158	1	5	4.082	0.0735	0.9236	-1.147	0.193	1.595	0.384
CCBI3	158	1	5	4.108	0.0727	0.914	-1.28	0.193	2.034	0.384
SBI1	158	1	5	3.241	0.0585	0.7352	-0.802	0.193	0.556	0.384
SBI2	158	1	5	3.127	0.0587	0.7378	-0.591	0.193	0.21	0.384
SBI3	158	1	5	3.203	0.0594	0.7466	-0.814	0.193	0.663	0.384

附表 A.2　大样本数据的描述性统计

变量	N	最小值	最大值	平均值		标准差	偏度		峰度	
	统计量	统计量	统计量	统计量	标准误差	统计量	统计量	标准误差	统计量	标准误差
PV1	602	1	5	4.362	0.0564	0.979	-1.894	0.14	3.451	0.28
PV2	602	1	5	4.316	0.0548	0.9505	-1.583	0.14	2.218	0.28
PV3	602	1	5	4.365	0.0538	0.9342	-1.703	0.14	2.577	0.28
EV1	602	1	5	4.12	0.0604	1.0483	-1.29	0.14	1.13	0.28
EV2	602	1	5	3.645	0.0648	1.1239	-0.542	0.14	-0.544	0.28
EV3	602	1	5	4.050	0.0586	1.0169	-1.115	0.14	0.874	0.28

续表

变量	N	最小值	最大值	平均值		标准差	偏度		峰度	
	统计量	统计量	统计量	统计量	标准误差	统计量	统计量	标准误差	统计量	标准误差
EnV1	602	1	5	4. 279	0. 0533	0. 9248	-1. 601	0. 14	2. 789	0. 28
EnV 3	602	1	5	4. 229	0. 0554	0. 9612	-1. 539	0. 14	2. 38	0. 28
EnV 5	602	1	5	4. 243	0. 053	0. 9189	-1. 512	0. 14	2. 597	0. 28
SV2	602	1	5	4. 266	0. 0537	0. 9323	-1. 472	0. 14	2. 192	0. 28
SV3	602	1	5	4. 279	0. 0512	0. 888	-1. 469	0. 14	2. 471	0. 28
HV1	602	1	5	4. 352	0. 0488	0. 8459	-1. 774	0. 14	3. 972	0. 28
HV2	602	1	5	4. 279	0. 0512	0. 888	-1. 527	0. 14	2. 676	0. 28
HV3	602	1	5	4. 279	0. 0494	0. 8574	-1. 561	0. 14	3. 302	0. 28
SR1	602	1	5	4. 163	0. 0542	0. 9399	-1. 179	0. 14	1. 365	0. 28
SR2	602	1	5	4. 179	0. 0537	0. 9315	-1. 212	0. 14	1. 508	0. 28
SR3	602	1	5	4. 266	0. 0533	0. 9251	-1. 341	0. 14	1. 706	0. 28
RR1	602	1	5	3. 289	0. 0654	1. 1341	-0. 145	0. 14	-0. 76	0. 28
RR2	602	1	5	3. 319	0. 0633	1. 0975	-0. 202	0. 14	-0. 486	0. 28
RR3	602	1	5	3. 159	0. 0633	1. 099	-0. 032	0. 14	-0. 516	0. 28
AT1	602	1	5	4. 146	0. 0544	0. 9444	-1. 324	0. 14	1. 851	0. 28
AT2	602	1	5	4. 375	0. 0483	0. 8378	-1. 758	0. 14	3. 952	0. 28
AT3	602	1	5	4. 272	0. 0551	0. 9551	-1. 655	0. 14	2. 874	0. 28
ACBI1	602	1	5	4. 080	0. 0509	0. 8833	-0. 974	0. 14	1. 007	0. 28
ACBI2	602	1	5	4. 086	0. 0502	0. 8713	-0. 99	0. 14	1. 284	0. 28

续表

变量	N	最小值	最大值	平均值		标准差	偏度		峰度	
	统计量	统计量	统计量	统计量	标准误差	统计量	统计量	标准误差	统计量	标准误差
ACBI3	602	1	5	4. 153	0. 0495	0. 8582	−1. 159	0. 14	1. 824	0. 28
CCBI1	602	1	5	4. 296	0. 0488	0. 8459	−1. 47	0. 14	2. 918	0. 28
CCBI2	602	1	5	4. 329	0. 0485	0. 8415	−1. 46	0. 14	2. 672	0. 28
CCBI3	602	1	5	4. 316	0. 0476	0. 8267	−1. 429	0. 14	2. 775	0. 28
SBI1	602	1	5	3. 814	0. 0696	1. 2077	−1. 124	0. 14	0. 214	0. 28
SBI2	602	1	5	3. 910	0. 0663	1. 1498	−1. 108	0. 14	0. 231	0. 28
SBI3	602	1	5	3. 963	0. 0653	1. 1323	−1. 232	0. 14	0. 628	0. 28

附录 B

访谈及问卷

B.1 访谈提纲

访谈对象：EVCARD 用户。

访谈内容：

主要询问问题："汽车共享哪些方面吸引你?""为什么会选择共享汽车产品和服务?""使用汽车共享会给你带来什么?""你使用汽车共享的主要目的是什么?"。以这些问题作为开始，根据访谈对象的回答继续追问"为什么"。

个体情况：

1. 您的性别：

○男　　○女

2. 您的年龄：____

3. 您目前的职业：

○在校学生　○专职工作　○自由职业　○暂无职业　○退休

4. 您的个人月收入（从各种途径得到的全部收入总和，包括零花钱）：

○2000 元以下　○2000～5000 元

○5001～10000 元　○10001～20000 元

○20000 元以上　○保密

5. 您近三个月使用汽车共享的主要用途：

○通勤　○休闲　○购物　○家庭活动

○不使用　　○其他

6. 您近三个月使用过汽车共享的平均频率：

○从未使用　　○每天　　○每周　　○每两周

○需要时（小于每两周 1 次）

7. 您注册汽车共享的时间：

○3 个月以内　　○4 ~ 6 个月

○7 ~ 12 个月　　○1 年以上　　○从未注册

8. 您对汽车共享的车辆满意度如何？

○非常不满意　　○不太满意

○一般　　○比较满意

○非常满意

感谢您的时间！

问卷 B. 2　汽车共享服务的调查问卷（初始问卷）

本问卷旨在了解您参与电动汽车共享（EVCARD）的情况，本调研内容仅用于同济大学经济与管理学院的学术研究。问卷较长，请您耐心填写。您的参与对我的研究意义重大，万分感谢。

1. 请选择您对以下汽车共享说法的同意程度：（1→5 表示完全不同意到完全同意）

题项代码	具体内容	1	2	3	4	5
PV1	汽车共享服务在我出行中是有用的					
PV2	汽车共享服务可以提高我的交通效率					
PV3	汽车共享服务使我的出行计划更加灵活					
EV1	整体来看，汽车共享服务可以减低我的出行成本					
EV2	我认为汽车共享服务价格很合理					
EV3	我认为与私家车相比，使用汽车共享节省了成本					
EnV1	我认为汽车共享可以帮助我对环境负责					
EnV2	汽车共享可以帮助我减少对汽车的使用					

续表

题项代码	具体内容	1	2	3	4	5
EnV3	使用汽车共享可以帮助我减少我制造的废物和消耗的能源数量					
EnV4	拥有一辆汽车并让它在大部分时间里闲置是错误的					
EnV5	我认为共享汽车减少了对自然资源的使用					
SV1	我周围的人会影响我使用汽车共享服务					
SV2	我的家人会赞同我使用汽车共享					
SV3	我的朋友们会赞同我使用汽车共享					
SV4	使用汽车共享可以帮我提高社会形象					
HV1	汽车共享服务让我觉得很有意思					
HV2	汽车共享服务让我觉得很有乐趣					
HV3	汽车共享服务让我觉得新鲜和好奇					
HV4	我享受使用汽车共分时租赁服务的过程					
SR1	非常可能我想用车但是没有车可用					
SR2	当我想要使用分时租赁的时候，很可能无法得到我想要的车					
SR3	当我想要用一辆车的时候，很有可能附近没有车					
SR4	我在需要分时租赁服务时，肯定可以在附近找到车					
RR1	我认为大家都只顾自己使用，没有人会愿意帮助分时租赁的发展					
RR2	我认为其他使用分时租赁的人会影响我的使用					
RR3	我不信任分时租赁的其他用户					
RR4	当我预定某辆共享汽车时，我相信之前的使用者会好好地使用这辆车					

2. 当您需要使用汽车时，对于汽车共享服务，您对以下说法的同意程度：（1→5 表示完全不同意到完全同意）

题项代码	具体内容	1	2	3	4	5
ACBI1	我认为我非常想要使用汽车共享服务					
ACBI2	我认为非常确定我会使用汽车共享服务					
ACBI3	我认为非常可能我会使用汽车共享服务					

3. 当您需要使用汽车时，对于汽车共享服务和需要的协作行为，您会做出的选择为：（1→5 完全不可能到完全可能）（在汽车共享中的协作行为指的是除了正常满足自己使用车辆需求之外的行为，如不在车内吸烟/吃东西、不弄脏车辆、不损坏车辆内饰、清理自己弄脏的车辆至原有状态、报告车辆故障等。）

题项代码	具体内容	1	2	3	4	5
CCBI1	我会选择汽车共享服务并对我在使用共享汽车时的行为负责的可能性					
CCBI2	我会选择汽车共享服务并对其他用户在汽车上的不当行为进行举报的可能性					
CCBI3	我会选择汽车共享服务并对共享汽车适当的维护行为（清理、拍照上传系统或者其他维护行为）的可能性					

4. 对于以下说法和行为，请您根据实际情况做出的选择为：（1→5 完全不可能到完全可能）

题项代码	具体内容	1	2	3	4	5
SBI1	我会由于汽车共享而在一段时间内不购买自己的汽车					
SBI2	我会由于汽车共享而减少使用我自己的汽车（假设您有车）					
SBI3	我会由于汽车共享而增加公共和低碳交通（步行、自行车）的使用					

以下为一些简单的个人信息：

5. 您的性别：

○男　　○女

6. 您的年龄段：

○18～25 岁　○26～30 岁　○31～40 岁　○41～50 岁

○51 岁以上

7. 您的个人月收入（从各种途径得到的全部收入总和，包括零花钱）：

○5000 元以下　　○5001～10000 元

○10001～20000 元　　○20001 元以上

8. 到目前为止，您的最高学历（包括在读）：

○初中及以下　　○高中/中专/技校

○大学专科　　○大学本科

○硕士及以上

9. 您是否结婚？

○未婚　　○已婚

10. 您是否有孩子？

○无　　○有

11. 您或者您的家庭在您目前所在城市是否拥有汽车？

○无　　○1 辆　　○1 辆以上

12. 您注册汽车共享的时间：

○3 个月以内　　○4～6 个月　　○7～12 个月　　○1 年以上　　○从未注册

13. 您是否拥有您现在所在城市的户口？

○否　　○是

14. 距离您居住地最近的汽车共享网点大约有多远？

○1 千米以内　　○1～2 千米　　○2 千米以上　　○不知道

15. 您获得驾照的时间：

○无　　○1 年内　　○1～3 年　　○3 年以上

问卷结束。您的参与对我的研究意义重大，万分感谢。

问卷 B.3　汽车共享服务的调查问卷（正式）

本问卷旨在了解您参与电动汽车共享（EVCARD）的情况，本调研内容仅用于同济大学经济与管理学院的学术研究。问卷较长，请您耐心填写。您的参与对我的研究意义重大，万分感谢。

1. 请选择您对以下汽车共享说法的同意程度：（1→5 表示完全不同意到完全同意）

题项代码	具体内容	1	2	3	4	5
PV1	汽车共享服务在我出行中是有用的					
PV2	汽车共享服务可以提高我的交通效率					
PV3	汽车共享服务使我的出行计划更加灵活					
EV1	整体来看，汽车共享服务可以减低我的出行成本					
EV2	我认为汽车共享服务价格很合理					
EV3	我认为与私家车相比，使用汽车共享节省了成本					
EnV1	我认为汽车共享可以帮助我对环境负责					
EnV3	使用汽车共享可以帮助我减少我制造的废物和消耗的能源数量					
EnV5	我认为共享汽车减少了对自然资源的使用					
SV2	我的家人会赞同我使用汽车共享					
SV3	我的朋友们会赞同我使用汽车共享					
HV1	汽车共享服务让我觉得很有意思					
HV2	汽车共享服务让我觉得很有乐趣					
HV3	汽车共享服务让我觉得新鲜和好奇					
SR1	非常可能我想用车但是没有车可用					
SR2	当我想要使用分时租赁的时候，很可能无法得到我想要的车					
SR3	当我想要用一辆车的时候，很有可能附近没有车					
RR1	我认为大家都只顾自己使用，没有人会愿意帮助分时租赁的发展					
RR2	我认为其他使用分时租赁的人会影响我的使用					
RR3	我不信任分时租赁的其他用户					

2. 当您需要使用汽车时，对于汽车共享服务，您对以下说法的同意程度：（1→5 表示完全不同意到完全同意）

题项代码	具体内容	1	2	3	4	5
ACBI1	我认为我非常想要使用汽车共享服务					
ACBI2	我认为非常确定我会使用汽车共享服务					
ACBI3	我认为非常可能我会使用汽车共享服务					

3. 当您需要使用汽车时，对于汽车共享服务和需要的协作行为，您会做出的选择为：（1→5 完全不可能到完全可能）（在汽车共享中的协作行为指的

是除了正常满足自己使用车辆需求之外的行为，如不在车内吸烟/吃东西、不弄脏车辆、不损坏车辆内饰、清理自己弄脏的车辆至原有状态、报告车辆故障等。）

题项代码	具体内容	1	2	3	4	5
CCBI1	我会选择汽车共享服务并对我在使用共享汽车时的行为负责的可能性					
CCBI2	我会选择汽车共享服务并对其他用户在汽车上的不当行为进行举报的可能性					
CCBI3	我会选择汽车共享服务并对共享汽车适当的维护行为（清理、拍照上传系统或者其他维护行为）的可能性					

4. 对于以下说法和行为，请您根据实际情况做出的选择为：（1→5 完全不可能到完全可能）

题项代码	具体内容	1	2	3	4	5
SBI1	我会由于汽车共享而在一段时间内不购买自己的汽车					
SBI2	我会由于汽车共享而减少使用我自己的汽车（假设您有车）					
SBI3	我会由于汽车共享而增加公共和低碳交通（步行、自行车）的使用					

以下为一些简单的个人信息：

5. 您的性别：

○男　　○女

6. 您的年龄段：

○18～25 岁　○26～30 岁　○31～40 岁　○41～50 岁

○51 岁以上

7. 您的个人月收入（从各种途径得到的全部收入总和，包括零花钱）：

○5000 元以下　　○5001～10000 元

○10001～20000 元　　○20001 元以上

8. 到目前为止，您的最高学历（包括在读）：

○初中及以下 ○高中/中专/技校

○大学专科 ○大学本科

○硕士及以上

9. 您是否结婚？

○未婚 ○已婚

10. 您是否有孩子？

○无 ○有

11. 您或者您的家庭在您目前所在城市是否拥有汽车？

○无 ○1 辆 ○1 辆以上

12. 您注册汽车共享的时间：

○3 个月以内 ○4 ~6 个月 ○7 ~12 个月 ○1 年以上

○从未注册

13. 您是否拥有您现在所在城市的户口？

○否 ○是

14. 距离您居住地最近的汽车共享网点大约有多远？

○1 千米以内 ○1 ~2 千米 ○2 千米以上 ○不知道

15. 您获得驾照的时间：

○无 ○1 年内 ○1 ~3 年 ○3 年以上

问卷结束。您的参与对我的研究意义重大，万分感谢。

问卷 B. 4　汽车共享城市驱动力评价专家咨询调查问卷

尊敬的专家：

您好。该问卷是同济大学经济与管理学院进行汽车共享与城市发展研究的一部分，您的意见和答案将会对本书提供非常重要的帮助，感谢您在百忙之中抽出时间回答我们的问题。本问卷纯出于学术目的，内容不涉及个人隐私，承诺所得数据不会用于商业目的和透漏给他人，请您放心并尽可能客观回答。感谢您的支持！

问卷填写说明：

1. 评价指标体系说明：该问卷旨在确定调查表提及的电动新能源汽车共享城市驱动力评价体系各级指标的相对权重，采用专家评分法进行确定，主要包括经济技术需求指标、社会出行需求指标和环境空间需求指标三个维度的评价城市对汽车共享的需求程度。

2. 评分标准说明：请按照下面的标度标准对调查表中同一层次各指标之间的相对重要程度关系进行打分。

标度	相对比较（就某一指标变量而言）
1	同样重要
3	稍微重要
5	明显重要
7	重要得多
9	绝对重要
2、4、6、8	作为上述相邻判断的插值
上列各数的倒数	另一变量对原变量的反比

例：F1（纵向因素）与 F2（横向因素）相比，若相同重要，则打分为 1；若绝对重要则打分为 9；反之，F2 比 F1 绝对重要，则打分 1/9。

评价分析表（打“×”单元格不需要填写），请填写纵向因素与横向因素的比较结果，该部分是评价城市发展电动汽车共享的需求驱动力。

1. 城市驱动力指标内三个维度的相互重要性评价：

项目	经济技术需求指标	社会出行需求指标	环境空间需求指标
经济技术需求指标	×		
社会出行需求指标	×	×	
环境空间需求指标	×	×	×

说明：经济技术需求指标是指城市在现有的经济技术条件下对汽车消费和汽车共享的需要和支持程度，社会出行需求指标是指城市在现有的社会出行条件下对汽车消费和汽车共享的需要和接受程度，环境空间需求指标城市在现有的环境空间约束下对可持续交通的需要和重视程度。

2. 经济技术需求指标内三个维度的相互重要性评价：

项目	人均 GDP	城镇居民人均可支配收入	第三产业产值占比
人均 GDP	×		
城镇居民人均可支配收入	×	×	
第三产业产值占比	×	×	×

3. 社会出行需求指标内三个维度的相互重要性评价：

项目	出行比率	城市人口结构	人口密度
出行比率	×		
城市人口结构	×	×	
人口密度	×	×	×

说明：出行比率：全年公共汽电客运总量与城镇年平均常住总人口的比值；城市人口结构：城镇年平均常住总人口与户籍人口之比；人口密度：城镇年平均常住总人口与市辖区面积之比。

4. 环境空间需求指标内两个维度的相互重要性评价：

项目	建成区绿化覆盖率	大气污染指数 $PM_{2.5}$	道路空间
建成区绿化覆盖率	×		
大气污染指数 PM2.5	×	×	
道路空间	×	×	×

说明：建成区绿化覆盖率，表示城市对空间利用的环境方面重视程度；大气污染指数，表示大气中 $PM_{2.5}$ 颗粒指数和城市的空气质量；道路空间，指的是城镇年平均常住总人口与市辖区道路面积之比，与人均道路面积成反比。

问卷结束。您的参与对我的研究意义重大，万分感谢。

参 考 文 献

波兰尼，2007. 大转型：我们时代的政治与经济起源［M］. 杭州：浙江人民出版社.

曹莉萍，诸大建，2016. 合同能源管理绩效评价的理论模型构建与实证研究［J］. 资源科学，38(3)：414－427.

邓万春，王晓珏，2015. 汽车空间与城市交通拥堵［J］. 兰州大学学报：社会科学版，5：31－37.

侯杰泰，等，2004. 结构方程模型及其应用［M］. 北京：经济科学出版社.

黄芳铭，2005. 结构方程模式［M］. 北京：中国税务出版社.

兰静，诸大建，2016. 可持续交通消费的接受和使用行为研究——基于上海市汽车共享的调查［J］. 中国人口·资源与环境，(11)：98－105.

刘倩，2009. 可持续消费视角下的我国居民消费行为研究［D］. 天津：南开大学.

柳士顺，凌文辁，2009. 多重中介模型及其应用［J］. 心理科学，(2)：433－435.

戎珂，王勇，2017. 分享经济 2.0：原生性分享［J］. 哈佛商业评论中文版，(9)：122－127.

史传林，2014. 社会治理中的政府与社会组织合作绩效研究［J］. 广东社会科学，(5)：81－88.

史有春，2013. 价值观量表开发与应用现状及开发方向探析［J］. 南京大学学报：哲学·人文科学·社会科学，50(2)：140－147.

孙守恒，王维才，2017. 基于因子分析的城市汽车共享环境评价［J］. 经济地理，37(6)：84－91.

王欢明,等,2014. 公交服务治理模式的效益比较研究[J]. 运筹与管理,23(3):244-251.

王家庭,等,2015. 私人汽车消费加剧了城市蔓延吗?——来自地级市层面的经验证据[J]. 经济评论,6:108-117+143.

温忠麟,等,2005. 调节效应与中介效应的比较和应用[J]. 心理学报,2:268-274.

吴明隆, 2013. 结构方程模型: Amos 实务进阶[M]. 重庆:重庆大学出版社.

夏凯旋,2007. 基于经济生态效率理论的汽车共享服务研究[D]. 哈尔滨:哈尔滨工业大学.

许水平,尹继东, 2014. 中介效应检验方法比较[J]. 科技管理研究, (18):203-205.

王建明,李颖灏,2012. 削减家庭直接碳排放的干预政策及其实施效应——发达国家的相关实验研究述评[J]. 财经论丛, (5):109-116.

叶祖达, 2010. 低碳城市规划建设:成本效益分析[J]. 城市规划, (8):18-23.

张淼,等,2012. 汽车共享对城市温室气体排放的影响[J]. 中国人口·资源与环境,9:48-53.

张余杰,等,2015. 基于计划行为理论的电动汽车共享服务接受意愿研究[J]. 道路交通与安全,4:25-31.

周杨,等, 2014. 公共自行车系统的研究进展与展望[J]. 城市发展研究,21(9):118-124.

诸大建,2013. 超越增长:可持续发展经济学如何不同于新古典经济学[J]. 学术月刊,45(10):79-89.

诸大建,2016. 可持续性科学:基于对象—过程—主体的分析模型[J]. 中国人口·资源与环境,26(7):1-9.

诸大建,2017. 绿色消费:基于物质流和消费效率的研究[J]. 中国科学院院刊,32(6):547-553.

ACQUIER A, et al. , 2017. Promises and paradoxes of the sharing economy: An organizing framework[J]. Technological Forecasting & Social Change, 125: 1 –10.

AJZEN I, 1991. The theory of planned behavior[J]. Organizational Behavior & Human Decision Processes, 50(2):179 –211.

AKBAR P, et al. , 2016. When do materialistic consumers join commercial sharing systems[J]. Journal of Business Research,69(10):4215 –4224.

BARDHI F, ECKHARDT G M, 2012. Access – Based Consumption: The Case of Car Sharing[J]. Journal of Consumer Research, 39(4):881 –898.

BARDHI F, ECKHARDT G M, 2017. Liquid consumption[J]. Cultural Studies, 22(5):599 –623.

BARNES S J, MATTSSON J, 2017. Understanding collaborative consumption: Test of a theoretical model[J]. Technological Forecasting & Social Change, 118: 281 –292.

BASTIAN A, et al. , 2016. Explaining "peak car" with economic variables [J]. Transportation Research Part A, 88:236 –250.

BELK R, 2010. Sharing [J]. Journal of Consumer Research, 36 (5): 715 –734.

BELK R, 2014. You are what you can access: Sharing and collaborative consumption online[J]. Journal of Business Research, 67(8):1595 –1600.

BOCKEN, 2017. Business – led sustainable consumption initiatives: impacts and lessons learned[J]. Journal of Management Development,36(1): 81 –96.

BÖCKER L, MEELEN T, 2017. Sharing for people, planet or profit? Analysing motivations for intended sharing economy participation[J]. Environmental Innovation & Societal Transitions, 23, 28 –39.

BOLLEN K A, 1989. Structural equations with latent variables. [J]. New York New York John Wiley & Sons, 35(7):289 –308.

BOTSMAN R, ROGERS R, 2010. What's mine is yours : the rise of collaborative consumption[M]. Harper Business.

BOTSMAN R, 2017. Who can you trust? [M]. London: Penguin.

BRADLEY K, PARGMAN D, 2017. The sharing economy as the commons of the 21st century[J]. Cambridge Journal of Regions Economy & Society, 10(2): 231-247.

CHENG M, 2016. Sharing economy: A review and agenda for future research [J]. International Journal of Hospitality Management, 57:60-70.

CHURCHILL G A, 1979. A Paradigm for Developing Better Measures of Marketing Constructs[J]. Journal of Marketing Research, 16(1):64-73.

COHEN B, KIETZMANN J, 2014. Ride on! Mobility Business Models for the Sharing Economy[J]. Organization & Environment, 27(3):279-296.

COHEN B, MUÑOZ P, 2016. Sharing cities and sustainable consumption and production: towards an integrated framework[J]. Journal of Cleaner Production, 134(3):87-97.

DALY H E, 1977. Steady State and Thermodynamics[J]. Bioscience, 27(12):770-771.

DALY H E, 1991. Steady-state economics[J]. American Journal of Agricultural Economics, 74(2):333-338.

DALY H E, 2004. Ecological Economics: principles and applications, Second Edition[M]. US: Island Press.

DALY H E, et al. , 2007. Are we consuming too much——for what? [J]. Conservation Biology the Journal of the Society for Conservation Biology, 21(5): 1359-1362.

DAWES R M, 2000. Social Dilemmas[J]. International Journal of Psychology, 35(2):111-116.

DEMAILLY D, NOVEL A S, 2014. The sharing economy: make it sustainable [R]. Paris: IDDRI.

ELKINGTON J, 2004. Enter the triple bottom line. In.: Henriques, A.; Richardson, J. The triple bottom line: does it all add up? [M]. London: Earthscan.

EMF, 2017. The Circular Economy: A Wealth of Flows [R]. UK:EMF.

FEATHERMAN M S, PAVLOU P A, 2003. Predicting e-services adoption: a perceived risk facets perspective [J]. International Journal of Human – Computer Studies, 59(4):451 – 474.

FELSON M, SPAETH J L, 1978. Community Structure and Collaborative Consumption: A Routine Activity Approach [J]. American Behavioral Scientist, 21 (4):23.

FRAIBERGER S P, SUNDARARAJAN A, 2015. Peer – to – Peer Rental Markets in the Sharing Economy[J]. Social Science Electronic Publishing, working paper.

FRENKEN K, SCHOR J, 2017. Putting the sharing economy into perspective[J]. Environmental Innovation & Societal Transitions, 23:3 – 10.

FRIEND A, RAPPORT D, 1979. Towards A Comprehensive Framework for Environmental Statistics: A Stress – response Approach [M]. Ottawa: Statistics Canada.

FUCHS D A, LOREK S, 2005. Sustainable Consumption Governance: A History of Promises and Failures[J]. Journal of Consumer Policy, 28(3):261 – 288.

FULLERTON R A, PUNJ G, 2004. Repercussions of promoting an ideology of consumption: consumer misbehavior[J]. Journal of Business Research, 57 (11): 1239 – 1249.

GABRIELSEN P, BOSCH P, 2003. Environmental Indicators: Typology and Use in Reporting [J]. EEA working paper.

GARLING T, et al. , 1984. Cognitive Mapping of Large – Scale Environments [J]. Environment & Behavior, 16(1):3 – 34.

GEISSINGER A, et al. , 2017. Assessing the sustainability impact of the sharing economy. Presented at the 4th International Workshop on the Sharing Economy (IWSE), Lund, Sweden, June 15 – 16.

GRABS J, et al. , 2016. Understanding role models for change: a multilevel analysis of success factors of grassroots initiatives for sustainable consumption[J]. Journal of Cleaner Production, 134:98 – 111.

GREENING L A, et al. , 2000. Energy efficiency and consumption — the rebound effect — a survey[J]. Energy Policy, 28(S6 -7):389 -401.

GRÖNROOS C, 1997. Keynote paper from marketing mix to relationship marketing - towards a paradigm shift in marketing[J]. Management Decision, 32(4): 4 -20.

GUTMAN J, 1982. A Means - End Chain Model Based on Consumer Categorization Processes[J]. Journal of Marketing, 46(2):60 -72.

HA J, JANG S C, 2010. Perceived values, satisfaction, and behavioral intentions: The role of familiarity in Korean restaurants[J]. International Journal of Hospitality Management, 29(1):2 -13.

HABIBI M R, et al. , 2016. From Sharing to Exchange: An Extended Framework of Dual Modes of Collaborative Nonownership Consumption[J]. Journal of the Association for Consumer Research, 1(2), 277 -294.

HAMARI J, et al. , 2016. The sharing economy: Why people participate in collaborative consumption[J]. Journal of the Association for Information Science & Technology, 67(9):2047 -2059.

HARDIN G, 1968. The tragedy of the commons[J]. Science,162(3859): 1243 -1248.

HAWLEY N S, 1950. A Theorem on Compact Complex Manifolds[J]. Annals of Mathematics, 52(3):637 -641.

HAYES A F, 2015. An Index and Test of Linear Moderated Mediation [J]. Multivariate Behavioral Research, 50 (1) :1 -22.

HEISKANEN E, PANTZAR M, 1997. Toward Sustainable Consumption: Two New Perspectives[J]. Journal of Consumer Policy, 20(4):409 -442.

HELLWIG K, et al. ,2015. Exploring different types of sharing: a proposed segmentation of the market for sharing businesses. Psychol. Mark, 32 (9), 891 -906.

KATHAN W, et al. , 2016. The sharing economy: Your business model's friend or foe? [J]. Business Horizons, 59(6):663 -672.

LAMBERTON C P, ROSE R L, 2012. When is Ours Better than Mine? A

Framework for Understanding and Altering Participation in Commercial Sharing Systems[J]. Social Science Electronic Publishing, 76(4):109 –125.

LAMBERTON C, 2016. Collaborative consumption: a goal –based framework[J]. Current Opinion in Psychology, 10:55 –59.

LAN J, et al. , 2017. Enabling Value Co –Creation in the Sharing Economy: The Case of Mobike[J]. Sustainability, 9(9): 1 –20.

LAWSON S J, et al. , 2016. Freedom from ownership: An exploration of access –based consumption [J]. Journal of Business Research, 69(8):2615 –2623.

LEISMANN K, et al. , 2013. Collaborative Consumption: Towards a Resource – Saving Consumption Culture[J]. Resources, 2(3):184 –203.

LI Y, et al. , 2005. Social Capital and Social Trust in Britain[J]. European Sociological Review, 21(2):109 –123.

LINDLOFF K, et al. , 2014. Drivers of carsharing diffusion in Germany: An actor – centred approach[J]. International Journal of Automotive Technology & Management, 14(3/4):217 –245.

LOREK S, SPANGENBERG J H, 2014. Sustainable consumption within a sustainable economy – beyond green growth and green economies[J]. Journal of Cleaner Production, 63(2):33 –44.

MA Y, et al. ,2018. Co –evolution between urban sustainability and business ecosystem innovation: Evidence from the sharing mobility sector in Shanghai[J]. Journal of Cleaner Production, 188: 942 –953.

MA Y, et al. , 2019. Value Co –creation for Sustainable Consumption and Production in the Sharing Economy in China [J]. Journal of Cleaner Production, 208: 1148 –1158.

MACKINNON D P, et al. , 2002. A comparison of methods to test mediation and other intervening variable effects[J]. Psychological Methods, 7(1):83 –104.

MAKOV T, NEWMAN G E, 2016. Economic gains stimulate negative evaluations of corporate sustainability initiatives[J]. Nature Climate Change, 6(9): 1 –3.

MAKOWER J, 2003. Sustainable Consumption and Production: Strategies for Accelerating Positive Change[J]. 5(3):23 -30.

MARTIN C J, UPHAM P, 2016. Grassroots social innovation and the mobilisation of values in collaborative consumption: a conceptual model[J]. Journal of Cleaner Production, 134:204 -213.

MARTIN C J, 2016. The sharing economy: A pathway to sustainability or a nightmarish form of neoliberal capitalism? [J]. Ecological Economics, 121: 149 -159.

MARTIN C J, et al., 2017. Democratising platform governance in the sharing economy: An analytical framework and initial empirical insights[J]. Journal of Cleaner Production, 166, 1395 -1406.

MARTIN E, et al., 2010. Impact of Carsharing on Household Vehicle Holdings[J]. Transportation Research Record Journal of the Transportation Research Board, 2143(1):150 -158.

MCLAREN D, Agyeman J, 2015. Sharing cities: A case for truly smart and sustainable cities[M]. MIT Press.

MOELLER S, WITTKOWSKI K, 2010. The burdens of ownership: reasons for preferring renting[J]. Journal of Service Theory & Practice, 20(2):176 -191.

MONT O, PLEPYS A, 2008. Sustainable consumption progress: should we be proud or alarmed? [J]. Journal of Cleaner Production, 16(4):531 -537.

OSTROM A, IACOBUCCI D, 1995. Consumer trade - offs and the evaluation of services[J]. Journal of Marketing, 59(1): 17 -28.

OSTROM E, 1990. Governing the commons[M]. Cambridge University Press.

PALGAN Y V, et al., 2017. Sustainability framings of accommodation sharing[J]. Environmental Innovation & Societal Transitions, 23: 70 -83.

PARAVANTIS J A, GEORGAKELLOS D A, 2007. Trends in energy consumption and carbon dioxide emissions of passenger cars and buses[J]. Technological Forecasting & Social Change, 74(5):682 -707.

PETER J P, RYAN M J, 1976. An Investigation of Perceived Risk at the

Brand Level[J]. Journal of Marketing Research, 13(2):184 - 188.

PISCICELLI L, et al. , 2015. The role of values in collaborative consumption: insights from a product - service system for lending and borrowing in the UK[J]. Journal of Cleaner Production, 97:21 - 29.

RAUSCHMAYER F, OMANN I, 2012. Transition to Sustainability: Not Only Big, But Deep[J]. Gaia, 21(4):266 - 268.

RAVENELLE A J, 2017. Sharing economy workers: Selling, not sharing[J]. Cambridge Journal of Regions Economy & Society, 10(2):281 - 295.

REISKIN E D, et al. , 1999. Servicizing the Chemical Supply Chain [J]. Journal of Industrial Ecology, 3(2 - 3):19 - 31.

REYNOLDS T J, GUTMAN J, 1988. Laddering theory, method, analysis, and interpretation[J]. Journal of Advertising Research, 28(1):11 - 31.

RICHARDSON L, 2015. Performing the sharing economy[J]. Geoforum, 67: 121 - 129.

ROOS D, HAHN R, 2017. Does shared consumption affect consumers'values, attitudes, and norms? A panel study [J]. Journal of Business Research, 77: 113 - 123.

SAATY T, 1980. The Analytical Hierarchy Process [M]. New York: McGraw - Hill.

SCHAEFERS T, 2013. Exploring carsharing usage motives: A hierarchical means - end chain analysis[J]. Transportation Research Part A, 47:69 - 77.

SCHAEFERS T, et al. , 2015. How the burdens of ownership promote consumer usage of access - based services[J]. Marketing Letters, 1 - 9.

SCHAEFERS T, et al. , 2016. Contagious Effects of Customer Misbehavior in Access - Based Services[J]. Journal of Service Research, 19(1):3 - 21.

SCHOR J, 2014. Debating the Sharing Economy [R]. A Great Transition Initiative.

SCHOR J B, FITZMAURICE C J, 2015. Collaborating and connecting: the emergence of the sharing economy [M]. London: Edward Elgar Publishing,

410 -425.

SCHOR J B, 2017. Does the Sharing Economy Increase Inequality Within the Eighty Percent?: Findings from a Qualitative Study of Platform Providers[J]. Cambridge Journal of Regions Economy & Society, 10 -25.

SHEN J, SAIJO T, 2008. Reexamining the relations between socio - demographic characteristics and individual environmental concern: Evidence from Shanghai data[J]. Journal of Environmental Psychology, 28(1):42 -50.

SHETH J N, et al., 1991. Consumption Values and Market Choices: Theory and Applications[J]. Journal of Marketing Research, 29(4):487 -489.

SRNICEK N, 2017. Platform capitalism[M]. UK: Cambridge.

STAHEL W R, 2008. The Performance Economy: Business Models for the Functional Service Economy [M]. Springer London, 127 -138.

STAHEL W R, 2016. The circular economy[J]. Nature, 531(7595):435.

SWEENEY J C, SOUTAR G N, 2001. Consumer perceived value: The development of a multiple item scale[J]. Journal of Retailing, 77(2):203 -220.

TUKKER A, et al., 2006. Product - services and sustainability[J]. New Business for Old Europe: Product - Service Development, 27:72 -98.

TUKKER A, 2008. System Innovation for Sustainability [M]. UK: Greenleaf, Sheffield.

TVERSKY A, KAHNEMAN D, 1984. Choices, values, frames[J]. American Psychologist, 39(4):341 -350.

UNEP, 1994. Elements for policies for sustainable consumption, Nairobi, Symposium: Sustainable Production and Consumption[R]. Norway, Oslo.

UNEP, 2001. Consumption opportunities. Strategies for change: A report for decision - makers[R]. Paris.

UNGSP, 2012. Resilient People, Resilient Planet: A Future Worth Choosing[R]. United Nations, New York.

UN - HABITAT, 2016. Urbanization and Development: Emerging Futures. Nairobi, Kenya [R]. UN - Habitat.

VANDERMERWE S, RADA J, 1988. Servitization of business: Adding value by adding services[J]. European Management Journal, 6(4):314 –324.

VENKATESH V, et al. , 2003. User acceptance of information technology: toward a unified view[J]. MIS Quarterly, 27(3):425 –478.

VENKATESH V, et al. , 2012. Consumer acceptance and use of information technology: extending the unified theory of acceptance and use of technology[J]. Social Science Electronic Publishing, 36(1):157 –178.

WILHELMS M P, et al. , 2017. To earn is not enough: A means – end analysis to uncover peer – providers' participation motives in peer – to – peer carsharing [J]. Technological Forecasting & Social Change, 125: 38 –47.

WIRTZ J, EHRET M, 2009. Creative restruction – how business services drive economic evolution[J]. European Business Review, 21(21):380 –394.

YOON Y S, LEE H W, 2017. Perceived risks, role, and objectified trustworthiness information in the sharing economy[C]. Ninth International Conference on Ubiquitous and Future Networks. IEEE,326 –331.

ZEITHAML V A, 1988. Consumer Perceptions of Price, Quality, and Value: A Means – End Model and Synthesis of Evidence[J]. Journal of Marketing, 52(3): 2 –22.

ZVOLSKA L,et al. , 2018. Urban sharing in smart cities: the cases of Berlin and London[J]. Local Environment, (12):1 –18.